WILLIAMS-SONOMA

COCINAALINSTANTE
Cocina del Diario

RECETAS
Melanie Barnard

EDITOR GENERAL
Chuck Williams

FOTOGRAFÍA
Tucker + Hossler

TRADUCCIÓN
Laura Cordera L
Concepción O. de Jourdan

contenido

20 MINUTOS DE PRINCIPIO A FIN

10 filetes con mantequilla de hierbas

13 chuletas de ternera gremolata

14 halibut estilo tandoori

17 salmón glaseado con miso y col china

18 salchichas con frijoles blancos

21 choucroute rápido

22 chuletas de puerco con salsa de mostaza

25 satay de pollo tai

26 pollo y espárragos con té limón

29 callo de hacha a las cinco especias con fideo

30 filete chimichurri

33 chuletas de cordero con ajo y romero

30 MINUTOS DE PRINCIPIO A FIN

36 farfalle con salsa fresca

39 sopa de pollo y pasta orzo

41 picadillo de res cubano

43 crema de pollo y elote

44 pollo al curry estilo tai

47 sopa de jamón, frijoles y escarola

48 polenta con ragú de verduras

51 pollo asado al mojo

52 hamburguesas de cordero estilo marroquí

55 pavo con salsa de hierbas a la sartén

56 camarones al limón con arroz de coco

59 frittata de espinaca a las hierbas con queso feta

60 pollo y pimientos al balsámico

63 brochetas de cordero estilo griego

64 risotto de vegetales primavera

67 ensalada de pasta y carne de res estilo tai

68 guisado italiano de mariscos

71 chuletas de puerco con manzanas a las hierbas

72 lomo de puerco cubierto con hinojo

HAGA MÁS PARA ALMACENAR

76 clásico pollo asado

79 quesadillas de pollo y espinaca

80 cuscús de pollo con frutas secas

83 ensalada de pollo y mango

84 ensalada de pollo estilo provenzal

86 pecho asado

89 sándwiches de pecho barbecue

90 pappardelle con ragú de res

93 shepherd's pay

95 **el cocinero inteligente**

103 **la cocina bien surtida**

108 **índice**

la razón de este libro

Hoy en día nos preocupamos más que nunca por los alimentos que comemos. Sin embargo, también tenemos menos tiempo para cocinar. El libro Cocina del Diario de la serie *Cocina al Instante* está diseñado específicamente para las personas ocupadas que quieren llevar a su mesa deliciosos alimentos y comida fresca, incluso en los días de la semana cuando la vida es más agitada. Estas recetas cuidadosamente ideadas le ayudarán a crear comidas saludables y sustanciosas con muy poco esfuerzo.

Recetas como los Camarones al Limón con Arroz de Coco de inspiración tailandesa, la deliciosa Crema de Pollo y Elote y un sorprendentemente sencillo Filete con Mantequilla de Hierbas, se hacen con solo unos pocos ingredientes bien elegidos. La mayoría de las recetas se pueden servir como comidas de un solo plato o se pueden acompañar con algo sencillo, como unas papas asadas o una crujiente ensalada verde. Con estas recetas y los buenos consejos del libro *Cocina del Diario* de la serie Cocina al Instante, descubrirá que la comida puede ser una fuente de placer en lugar de una causa de agobio.

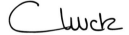

20 minutos
de principio a fin

filetes con mantequilla de hierbas

Mantequilla sin sal,
3 cucharadas, a temperatura ambiente

Cebollín fresco,
2 cucharadas, troceado

Romero fresco,
1 cucharada, finamente picado

Sal y pimienta recién molida

Filetes de rib-eye, 4, cada uno de aproximadamente 2.5 cm (1 in) de grueso

4 PORCIONES

1 Prepare la mantequilla de hierbas
En un tazón pequeño mezcle la mantequilla, cebollín, romero y una pizca de sal y de pimienta.

2 Cocine los filetes
Prepare un asador de gas o carbón para asar directamente sobre fuego alto y engrase la rejilla con aceite. O precaliente el asador de su horno. Sazone los filetes generosamente con sal y pimienta, presionando firmemente sobre la carne. Coloque los filetes sobre la parrilla o póngalos sobre una charola para hornear y colóquela debajo del asador. Cocine 6 u 8 minutos en total, volteando una sola vez para término medio-rojo o hasta obtener el término deseado. Divida los filetes entre 4 platos, cubra con la mantequilla de hierbas y sirva.

sugerencia del chef

Para completar el menú, sirva las chuletas sobre pasta orzo aderezada con mantequilla derretida y un chorrito de limón. Acompañe con un plato de espinacas asadas.

chuletas de
ternera gremolata

1 Prepare la gremolata

Ralle una cucharada de la piel de los limones y exprima dos cucharadas de jugo. Reserve el jugo. En un tazón pequeño mezcle la ralladura con el perejil y el ajo. Reserve.

2 Cocine la ternera

Sazone la ternera con sal y pimienta. En una sartén grande sobre fuego medio-alto derrita 1 ½ tcucharada de la mantequilla. Agregue la mitad de la ternera y cocine cerca de 2 minutos hasta dorar, volteando una sola vez. Pase a un plato. Repita la operación con 1 ½ cucharada de mantequilla y la ternera restante.

3 Prepare la salsa

Derrita la cucharada restante de mantequilla en la misma sartén sobre fuego medio-alto. Agregue la mitad de la gremolata y cocine durante un minuto, moviendo constantemente. Agregue el vino y mezcle raspando los trocitos dorados de la base de la sartén. Cocine la salsa cerca de 2 minutos, hasta que se reduzca a la mitad. Integre el jugo de limón reservado y sazone al gusto con sal y pimienta. Vuelva a colocar la ternera y su jugo en la sartén y hierva a fuego lento 1 ó 2 minutos para calentar por completo. Espolvoree con la gremolata restante y sirva.

Limones, 2

Perejil liso (italiano) fresco, ¼ taza (10 g/ ⅓ oz) finamente picado

finamente picado 3 dientes, finamente picados

Chuletas de ternera, 8, aproximadamente 750 g (1 ½ lb) en total, aplanadas a un grosor aproximado de 6 mm (¼-inch)

Sal y pimienta recién molida

Mantequilla sin sal, 4 cucharadas (60 g/2 oz)

Vino blanco seco, ¾ taza (180 ml/6 fl oz)

4 PORCIONES

halibut estilo tandoori

Yogurt simple, 1 taza
(250 g/8 oz)

Jugo de limón, de ½ limón

Jengibre fresco,
2 cucharadas ralladas

Cebolla amarilla o blanca,
1 pequeña, finamente picada

Ajo, 2 dientes,
finamente picados

Comino molido,
1 cucharadita

Cúrcuma molida,
1 cucharadita

Cilantro molido,
½ cucharadita

**Pimienta de Jamaica
molida,** ½ cucharadita

Pimienta de Cayena,
¼ cucharadita

Sal

Filetes de halibut,
4, aproximadamente 750 g
(1 ½ lb) en total, sin piel

Arroz blanco al vapor,
para acompañar

4 PORCIONES

1 Prepare la marinada de yogurt

En un plato de vidrio o cerámica poco profundo, lo suficientemente grande para darle cabida a los filetes de halibut en una sola capa, mezcle el yogurt, jugo de limón, jengibre, cebolla, ajo, comino, cúrcuma, cilantro, pimienta de jamaica, pimienta de cayena y ½ cucharadita de sal. Agregue el halibut a la marinada y voltee para cubrir.

2 Cocine el pescado

Mientras tanto, prepare un asador de carbón para asar directamente sobre fuego medio-alto y engrase la parrilla con aceite. O precaliente el asador de su horno. Cuando esté listo para cocinar retire el halibut de la marinada y deseche ésta. Coloque sobre la rejilla del asador o sobre una charola para hornear y póngala debajo del asador. Cocine 8 ó 10 minutos, volteando una sola vez, hasta que estén totalmente opacos. Reparta el arroz en 4 platos, cubra con el halibut y sirva.

sugerencia
del chef

Para completar el menú, sirva las
chuletas sobre pasta orzo
aderezada con mantequilla
derretida y un chorrito de limón.
Acompañe con un plato de
espinacas asadas.

salmón glaseado con miso y col china

1 Marine el pescado

En un plato de vidrio o cerámica poco profundo, lo suficientemente grande para dar cabida a los filetes de salmón en una sola capa, mezcle el miso, mirin, sake, azúcar mascabado y salsa de soya. Coloque el salmón en la marinada y voltee para cubrir. Deje reposar a temperatura ambiente durante 10 minutos volteando los filetes ocasionalmente. O, si lo desea, tape y deje marinar en el refrigerador hasta por 2 días.

2 Cocine el pescado

Precaliente el asador de su horno. Retire los filetes de la marinada, reservándola. Coloque los filetes sobre una charola para hornear con borde forrada con papel aluminio o una sartén que pueda meter al horno. Coloque la col china en la marinada reservada y voltee para cubrir. Retire la col china, reservando la marinada y acomode alrededor del salmón. Coloque debajo del asador y ase 3 ó 4 minutos, hasta que los filetes y la col china se hayan caramelizado y dorado ligeramente en las orillas. Voltee los filetes y la col china cuidadosamente y barnice con la marinada reservada. Ase 3 ó 4 minutos más, hasta que el salmón esté ligeramente dorado en la superficie y totalmente cocido y que la col china esté suave pero crujiente. Divida el salmón y la col china entre 4 platos y sirva.

Miso blanco o amarillo, ½ taza (155 g/5 oz)

Mirin o jerez seco, ⅓ taza (80 ml/3 fl oz)

Sake o vino blanco seco, ¼ taza (60 ml/2 fl oz)

Azúcar mascabado, 3 cucharadas compactas

Salsa de soya, 2 cucharadas

Filetes de salmón, 4, aproximadamente 750 g (1 ½ lb) en total, sin piel

Col china pequeña, 2 ó 3 piezas, cortadas longitudinalmente a la mitad

4 PORCIONES

salchichas con frijoles blancos

Salchichas italianas dulces o picantes, 8 pequeñas o 4 grandes, aproximadamente 750 g (1 ½ lb) en total

Vino blanco seco, 1 taza (250 ml/8 fl oz)

Aceite de oliva, 2 cucharadas

Cebolla amarilla o blanca, 1, finamente picada

Pimiento rojo (capsicum), 1 grande, sin semillas y picado

Ajo, 2 dientes, finamente picados

Frijoles blancos cannellini o Great Northern, 2 latas (440 g/14 oz cada una), escurridos y enjuagados

Orégano fresco, 2 cucharadas, finamente picado

Caldo de pollo, ¾ taza (180 ml/6 fl oz)

Sal y pimienta recién molida

Arúgula (rocket), 2 ó 3 tazas (60-90 g/2-3 oz)

4 PORCIONES

1 Cocine las salchichas

Pique las salchichas en diversos lugares con un tenedor y colóquelas en una sartén grande con tapa. Agregue ½ taza (125 ml/4 fl oz) del vino. Hierva sobre fuego medio-alto, tape, reduzca el fuego a medio-bajo y hierva a fuego lento durante 5 minutos. Destape la sartén, eleve la temperatura a media-alta y cocine las salchichas 8 ó 10 minutos, volteando ocasionalmente, hasta que estén bien doradas. Pase a un plato.

2 Cocine las verduras

Mientras cocina las salchichas, caliente el aceite en otra sartén grande sobre fuego medio-alto. Agregue la cebolla y el pimiento y cocine cerca de 5 minutos, moviendo ocasionalmente, hasta que estén suaves y se empiecen a dorar. Añada el ajo y cocine 30 segundos, moviendo constantemente. Agregue los frijoles, orégano, la ½ taza (250 ml/4 fl oz) de vino restante y el caldo. Hierva, reduzca el fuego a medio y hierva a fuego lento, sin tapar, 4 ó 5 minutos, hasta que la mitad del líquido se haya evaporado.

3 Finalice el plato

Coloque las salchichas en la sartén con los frijoles y hierva a fuego lento cerca de un minuto para calentar por completo. Sazone al gusto con sal y pimienta. Divida las salchichas, frijoles y arúgula entre 4 platos, rocíe con el líquido de la sartén y sirva.

sugerencia
del chef

Puede sustituir la arúgula por
2 ó 3 tazas (60-90 g/2-3 oz) de
achicoria rebanada o escarola
picada (Endivia belga). Colóquela
en la sartén con la cebolla
y pimiento en el paso 2.

sugerencia del chef

En su forma tradicional el sauerkrout garnie de Alsacia pide que se sirva la col en salmuera con una variedad de carnes frescas y embutidos. En esta versión sencilla, la col va cubierta por chuletas de puerco ahumadas y salchichas. Complemente la comida con una ensalada de hortalizas verdes aderezadas con queso azul, pan integral de centeno y papas hervidas.

choucroute rápido

1 Cocine las salchichas
En una sartén grande sobre fuego medio-alto caliente el aceite. Agregue las salchichas con la parte cortada hacia abajo y cocine 3 ó 4 minutos, hasta dorar. Voltee las salchichas, agregue la cebolla y cocine 4 ó 5 minutos, moviendo ocasionalmente, hasta que la cebolla esté suave. Agregue la manzana y cocine cerca de 3 minutos, moviendo ocasionalmente, hasta que la manzana esté suave y la cebolla se haya dorado.

2 Hierva la col y la carne a fuego lento
Integre la col, hoja de laurel, semillas de alcaravea, enebro y vino. Agregue las chuletas de puerco en una sola capa. Hierva sobre fuego medio-alto, reduzca el fuego a medio-bajo, tape y cocine 10 ó 12 minutos para mezclar los sabores. Retire y deseche la hoja de laurel. Sazone al gusto con pimienta. Divida el sauerkrout (col en salmuera) entre 4 platos y sirva.

Aceite de oliva,
3 cucharadas

Salchichas alemanas tipo kielbasa, bratwurst o knockwurst o una combinación de ellas, 375 g (¾ lb), cortadas longitudinalmente a la mitad

Cebolla amarilla o blanca, 1, rebanada

Manzanas ácidas como la Granny Smith, 1, sin piel, partida a la mitad, descorazonada y rebanada

Sauerkraut (col en salmuera), 500 g (1 lb), bien escurrida

Hoja de laurel, 1

Semillas de alcaravea, 2 cucharaditas

Enebro, 1 cucharadita, machacado ligeramente

Vino blanco seco, 1 taza (250 ml/8 fl oz)

Chuletas de puerco ahumadas, 4, cada una de 125 a 185 g (4 a 6 oz)

Pimienta recién molida

4 PORCIONES

21

chuletas de puerco
con salsa de mostaza

Chuletas de lomo de puerco sin hueso,
4, cada una de185 g (6 oz) aproximadamente

Sal y pimienta recién molida

Semillas de mostaza,
1 cucharada

Mantequilla sin sal,
3 cucharadas

Chalote, 2, finamente picados

Vino blanco seco, ⅓ taza (80 ml/3 fl oz)

Caldo de pollo, ⅓ taza (80 ml/3 fl oz)

Crema espesa,
⅓ taza (80 ml/3 fl oz)

Mostaza Dijon con miel,
2 cucharadas

4 PORCIONES

1 **Cocine el puerco**
Sazone las chuletas de puerco con sal, pimienta y las semillas de mostaza, presionando firmemente sobre la carne. En una sartén grande sobre fuego medio-alto derrita la mantequilla. Trabajando en tandas si fuera necesario, agregue las chuletas de puerco y cocine cerca de 8 minutos en total volteando una vez, hasta que estén doradas en la superficie y ligeramente rosadas en el centro.
Pase a un plato.

2 **Haga la salsa**
Coloque el chalote en la sartén, reduzca a fuego medio y cocine moviendo durante un minuto. Agregue el vino y el caldo, mezcle y cocine, raspando los trocitos dorados de la base de la sartén durante un minuto. Añada la crema y la mostaza y cocine moviendo durante un minuto, hasta que burbujee y esté tersa. Vuelva a poner en la sartén el puerco y el jugo que haya soltado. Hierva a fuego lento cerca de un minuto, hasta que el puerco esté caliente. Sazone al gusto con sal y pimienta. Divida el puerco y la salsa entre 4 platos y sirva.

sugerencia
del chef

Para completar el menú, saltee
hortalizas suaves y tiernas como
diente de león o col rizada en
mantequilla. Rocíe con unas
gotas de aceite balsámico o
vinagre de jerez justo antes
de servir.

sugerencia del chef

También se puede hacer el satay con carne de res o camarones. Sustituya el pollo por 750 g (1 ½ lb) de filete de res, cortado en tiras gruesas o por 24 camarones medianos, sin piel y limpios. Colóquelos en la marinada y continúe según las instrucciones, ajustando el tiempo de cocción conforme sea necesario.

sugerencia
del chef

El té limón se puede encontrar
en muchos mercados y tiendas
de autoservicio, pero si no lo
encuentra sustituya por una
cucharada de jugo de limón y
2 cucharaditas de ralladura de
limón. Agregue el jugo y la
ralladura a la sartén al mismo
tiempo que el ajo y el jengibre
en el paso 1.

callo de hacha a las cinco especias con fideo

1 Prepare las naranjas y el fideo

Ralle una cucharadita de piel de naranja y exprima ½ taza (125 ml/4 fl oz) de jugo y reserve ambos. Hierva agua en una olla grande. Agregue el fideo al agua hirviendo y cocine de acuerdo a las instrucciones del paquete moviendo ocasionalmente, hasta que el fideo esté suave. Escurra y reserve.

2 Cocine el callo de hacha

Mientras el fideo se cuece, espolvoree el callo de hacha por ambos lados con el polvo de cinco especias y sazone ligeramente con sal y pimienta. En una sartén grande sobre fuego alto caliente 3 cucharadas del aceite. Trabajando en tandas si fuera necesario, coloque el callo de hacha en la sartén en una sola capa y cocine cerca de un minuto, hasta que esté dorado en la base. Voltee el callo de hacha y cocine 1 ó 2 minutos hasta que esté bien dorado en la superficie y opaco en el centro. Pase el callo de hacha a un plato.

3 Cocine las verduras

Agregue la cucharada restante de aceite a la misma sartén colocada sobre fuego alto. Agregue el jengibre y el ajo y sofría cerca de 30 segundos hasta que aromatice. Agregue el chícharo chino y sofría cerca de un minuto, hasta que esté suave pero crujiente. Integre la ralladura y el jugo de naranja, vino y salsa de soya y cocine 1 ó 2 minutos, hasta que se reduzca ligeramente. Agregue el fideo cocido y las cebollitas de cambray y mezcle suavemente para integrar. Divida el fideo y el chícharo chino entre 4 platos, cubra con el callo de hacha y sirva.

Naranjas, 2

Sal y pimienta recién molida

Fideo fresco chino de huevo, 250 g (½ lb)

Callo de hacha grande, 625 g (1¼ lb) en total

Polvo chino de cinco especias, 2 cucharaditas

Aceite de cacahuate o canola, 4 cucharadas (60 ml/2 fl oz)

Jengibre, 1 cucharada, finamente picado

Ajo, 3 dientes, finamente picados

Chícharos chinos, 625 g (1¼ lb)

Vino blanco seco, ½ taza (125 ml/4 fl oz)

Salsa de soya, 2 cucharadas

Cebollitas de cambray, 4, la parte blanca y verde clara, picadas

4 PORCIONES

29

filete
chimichurri

Aceite de oliva, ⅓ taza
(80 ml/3 fl oz)

Vinagre de jerez, ⅓ taza
(80 ml/3 fl oz)

Hojas de orégano fresco,
3 cucharadas

**Perejil liso (italiano)
fresco,** ½ taza (15 g/½ oz)
picado grueso

Ajo, 7 dientes, picados
grueso chopped

Hojuelas de chile rojo,
de ½ a ¾ cucharadita

Filetes de T-bone,
4, cada uno de 2.5 cm
(1 in) de grueso

Sal

4 PORCIONES

1 Marine los filetes
En un procesador de alimentos mezcle el aceite, vinagre, orégano, perejil y ajo; procese hasta picar finamente. Vierta en un plato de vidrio o cerámica poco profundo, lo suficientemente grande para dar cabida a los filetes en una sola capa, e integre las hojuelas de chile rojo al gusto. Sazone los filetes con sal, colóquelos en la marinada y voltee para cubrir.
Deje reposar a temperatura ambiente durante 10 minutos.

2 Cocine los filetes
Mientras tanto, prepare un asador de gas o carbón para cocinar directamente sobre fuego alto y engrase la parrilla con aceite. O precaliente el asador de su horno. Cuando esté listo para cocinar, retire los filetes de la marinada y resérvela. Coloque los filetes sobre la rejilla del asador o sobre una charola para hornear y póngala debajo del asador. Barnice los filetes con la marinada restante. Cocine cerca de 8 minutos en total, volteándolos cuidadosamente una sola vez para término medio-rojo o hasta obtener el término deseado.
Divida los filetes entre 4 platos y sirva.

sugerencia del chef

Las rebanadas de papa asadas con romero son una excelente guarnición para estos deliciosos filetes. Mezcle rebanadas de papas Yukon con un poco de aceite de oliva, una cucharada de romero finamente picado y sal. Ase en el horno a 190ºC (375ºF) cerca de 30 minutos, hasta que estén suaves.

sugerencia del chef

Esta receta se puede complementar con una sencilla guarnición de frijoles blancos a las hierbas. Escurra y enjuague 1 ó 2 latas (400 g/14 oz cada una) de frijoles cannellini. Saltee brevemente los frijoles en unas cuantas cucharadas de aceite de oliva con ajo finamente picado, mezcle con un poco de vinagre de champaña y una cucharada de mejorana fresca, picada. Sazone al gusto con sal y pimienta.

chuletas de cordero con ajo y romero

1 Marine el cordero

Ralle 2 cucharadas de piel de los limones y exprima ½ taza (125 ml/4 fl oz) de jugo. En un plato de vidrio o cerámica poco profundo, lo suficientemente grande para dar cabida al cordero en una sola capa, mezcle el aceite con las anchoas, si las usa, y presione con una cuchara para formar una pasta. Integre la ralladura y jugo de limón, romero y ajo. Sazone el cordero con pimienta. Coloque en la marinada y voltee para cubrir. Deje reposar a temperatura ambiente durante 10 minutos o tape y refrigere durante toda la noche.

2 Cocine el cordero

Mientras tanto, prepare un asador de gas o carbón para cocinar directamente sobre fuego alto y engrase la parrilla con aceite. O precaliente el asador de su horno. Cuando esté listo para cocinar, retire el cordero de la marinada y deséchela. Coloque las chuletas sobre la parrilla o acomódelas sobre una charola para hornear y póngala debajo del asador. Cocine cerca de 10 minutos en total, volteando una sola vez para término medio-rojo o hasta obtener el término deseado.
Divida las chuletas entre 4 platos y sirva.

Limones, 3

Aceite de oliva, ¼ taza (60 ml/2 fl oz)

Anchoas, 5 filetes (opcional)

Romero fresco, 1 cucharada, finamente picado

Ajo, 4 dientes, finamente picados

Chuletas de cordero, 8, cada una de 185 g (6 oz) y 2.5 cm (1 in) de grueso

Pimienta recién molida

4 PORCIONES

30 minutos
de principio a fin

farfalle con salsa fresca

Jitomates, 750 g (1 ½ lb), descorazonados y picados grueso

Ajo, 2 dientes, finamente picados

Albahaca fresca, ½ taza (20 g/¾ oz) , cortada en tiras

Aceite de oliva, ½ taza (125 ml/ 4 fl oz)

Vinagre balsámico, 3 cucharadas

Hojuelas de chile rojo, ½ cucharadita

Queso mozzarella ahumado o regular, 250 g (½ lb), en cubos

Piñones, ¼ taza (36 g/1 ¼ oz)

Sal y pimienta negra recién molida

Farfalle, penne u otra pasta de tamaño mediano, 500 g (1 lb)

Prosciutto, 60 g (2 oz), finamente rebanado o picado

4 PORCIONES

1 **Prepare la salsa**
En un tazón grande mezcle los jitomates, ajo, albahaca, aceite, vinagre y hojuelas de chile rojo. Mezcle y deje reposar a temperatura ambiente aproximadamente 15 minutos para integrar los sabores. Incorpore el mozzarella y deje reposar 10 minutos más.

2 **Tueste los piñones**
Mientras tanto, en una sartén pequeña y seca sobre fuego medio-alto tueste los piñones 1 ó 2 minutos, moviendo a menudo, hasta que aromaticen y se doren ligeramente. Pase a un platón y reserve.

3 **Cocine la pasta**
Al mismo tiempo, hierva agua en una olla grande. Agregue 2 cucharadas de sal y la pasta. Cocine de acuerdo a las instrucciones del paquete, moviendo ocasionalmente, hasta que esté al dente. Escurra e integre la pasta a la salsa junto con el prosciutto y piñones. Mezcle y deje que suavice el queso ligeramente. Sazone al gusto con sal y pimienta negra. Sirva la pasta caliente o a temperatura ambiente.

sugerencia del chef

Haga este plato en el verano cuando abundan los jitomates maduros y jugosos y se puede elegir entre muchas variedades, incluyendo el jitomate heirloom. En otra época del año use jitomate guaje (Roma).

sugerencia del chef

Debido a que esta variación sencilla de la sopa de fideo y pollo incluye tan pocos ingredientes, es importante usar el mejor caldo de pollo o consomé que pueda encontrar. Busque caldo de pollo de la mejor calidad en la sección de congelados de las tiendas gourmet o en los supermercados bien surtidos.

sopa de pollo
y pasta orzo

1 Saltee las verduras
En una olla grande sobre fuego medio derrita la mantequilla. Agregue la cebolla y saltee 3 ó 4 minutos, hasta que esté traslúcida. Añada las zanahorias, apio y mejorana y saltee 3 minutos más, hasta que las verduras estén suaves. Integre el caldo, eleve el fuego a medio-alta y hierva 5 minutos para mezclar los sabores.

2 Cocine la pasta
Añada la pasta a la sopa hirviendo y cocine 3 ó 4 minutos, de acuerdo a las instrucciones del paquete, hasta que la pasta esté al dente. Añada la espinaca y el pollo y cocine aproximadamente un minuto, moviendo, hasta que la espinaca se marchite y el pollo esté caliente. Sazone al gusto con sal y pimienta. Sirva la sopa en tazones individuales, espolvoree con un poco de queso y sirva.
Acompañe a la mesa con el queso restante.

Mantequilla sin sal,
1 cucharada

Cebolla amarilla o blanca,
1 pequeña, finamente picada

Zanahorias, 2, finamente rebanadas

Apio, 1 tallo, finamente rebanado

Mejorana fresca,
2 cucharadas, finamente picadas

Caldo de pollo,
8 tazas (2 l/64 fl oz)

Orzo, pastina u otra pasta pequeña, 3/4 taza (155 g/5 oz)

Espinaca miniatura,
185 g (6 oz)

Pollo cocido, 3 tazas (560 g/18 oz) desmenuzado, hecho en casa (página 76) o comprado

Sal y pimienta recién molida

Queso parmesano, 1/2 taza (60 g/2 oz), recién rallado

4 PORCIONES

picadillo de
res cubano

Aceite de oliva,
1 cucharadita

Cebolla amarilla o blanca,
1, picada

Carne molida de res,
750 g (1½ lb)

Ajo, 2 dientes,
finamente picados

Chile en polvo, 2 cucharadas

Comino molido,
¾ cucharadita

**Pimienta de jamaica
molida,** ½ cucharadita

Jitomate en cubos, 1 lata
(875 g/28 oz), con su jugo

Caldo de res, 1 ¾ taza
(430 ml/14 fl oz)

Pasitas o ciruelas pasas,
⅔ taza (125 g/4 oz)

Pasta de tomate,
2 cucharadas

Vinagre de vino tinto,
¼ taza (60 ml/2 fl oz)

**Sal y pimienta recién
molida**

Arroz blanco al vapor,
para acompañar

4 PORCIONES

1 Cocine la carne y la cebolla
En una sartén grande para fritura profunda sobre fuego medio-alto caliente el aceite. Agregue la cebolla y saltee 3 ó 4 minutos, hasta que esté traslúcida. Agregue la carne de res y cocine 7 u 8 minutos, moviendo para desbaratar los grumos, hasta que la carne se empiece dorar. Usando una cuchara retire y deseche el exceso de grasa.

2 Cocine los jitomates y sazonadores
Integre el ajo, chile en polvo, canela y pimienta de jamaica y cocine durante un minuto, moviendo frecuentemente. Incorpore los jitomates con su jugo, el caldo, pasitas, pasta de tomate y vinagre. Hierva, reduzca el fuego a medio y cocine, sin tapar, entre 10 y 15 minutos, hasta que espese y tenga la consistencia de un guisado. Sazone al gusto con sal y pimienta. Divida el arroz cocido entre 4 tazones poco profundos, cubra con el picadillo y sirva.

sugerencia del chef

Este plato de inspiración cubana también es delicioso si se come haciendo tacos con tortillas de maíz o como relleno de burritos con tortillas de harina. O sírvalo sobre spaghetti y queso amarillo rallado si desea una versión rápida del chili Cincinnati.

sugerencia del chef

La albahaca tai, con sus brotes morados y puntiagudos y sus hojas de color verde brillante y tallos morados, tiene un sabor alimonado que proporciona un sabor distintivo a este curry así como a otros platos del sudeste de Asia. Se puede encontrar en la mayoría de las tiendas de productos asiáticos y en muchos supermercados bien surtidos.

sugerencia del chef

Si no puede encontrar escarola, puede usar un manojo de acelga sin tallos, troceando sus hojas.

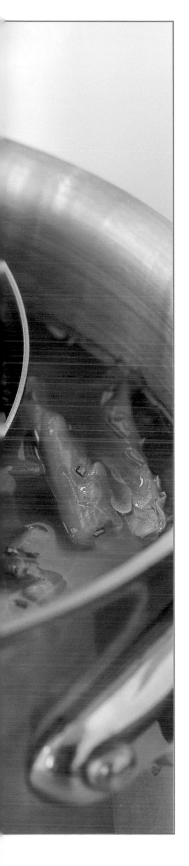

sopa de jamón, frijoles y escarola

1 Cocine el jamón

En una olla grande sobre fuego medio-alto caliente 2 cucharadas del aceite. Agregue el jamón y saltee cerca de 3 minutos, hasta que esté dorado y crujiente. Usando una cuchara ranurada, pase a un plato y reserve. Reduzca el fuego a medio y agregue más aceite si fuera necesario. Añada la cebolla y saltee aproximadamente 4 minutos, hasta suavizar. Agregue el ajo y saltee 30 segundos.

2 Cocine la escarola y los frijoles

Agregue el caldo a la olla y hierva sobre fuego medio alto. Añada la escarola y cocine 2 ó 3 minutos, moviendo, hasta que se marchite. Integre los frijoles, romero y hojuelas de chile rojo. Hierva, reduzca el fuego a medio-bajo y hierva a fuego lento 5 minutos para calentar totalmente.

3 Finalice la sopa

Incorpore el jamón y cocine 2 ó 3 minutos, moviendo ocasionalmente, hasta que esté caliente. Usando el revés de una cuchara grande presione algunos frijoles para espesar la sopa ligeramente. Hierva a fuego lento 2 minutos más. Coloque la sopa en tazones, espolvoree con un poco de queso y sirva. Acompañe a la mesa con el queso restante.

Aceite de oliva,
2 ó 3 cucharadas

Jamón, 250 g (½ lb), en rebanadas gruesas, cortadas en cubos

Cebolla amarilla o blanca,
1, finamente picada

Ajo, 4 dientes, finamente picados

Caldo de pollo, 7 tazas (1.75 l/56 fl oz)

Escarola (endivia belga),
1 cabeza, descorazonada y sus hojas ralladas

Frijoles blancos tipo canellini o Great Northern,
2 latas (440 g/14 oz cada una), escurridos y enjuagados

Romero fresco,
2 cucharadas, finamente picado

Hojuelas de chile rojo,
¼ cucharadita

Queso parmesano, ½ taza (60 g/2 oz), recién rallado

4 PORCIONES

polenta con ragú de verduras

Aceite de oliva,
4 cucharadas (60 ml/3 fl oz)

Cebolla amarilla o blanca,
1, picada

Ajo, 3 dientes, finamente
picados

Calabacita (courgette),
1, rebanada

**Hongos frescos silvestres
o cultivados,** 375 g (¾ lb),
limpios y rebanados

Jitomate guaje (Roma),
250 g (½ lb), sin semillas
y picados

Romero fresco,
1 cucharada, finamente picado

**Marsala, jerez u otro vino
fortificado,** ¼ taza
(60 ml/2 fl oz)

**Sal y pimienta recién
molida**

Caldo de verduras o pollo,
4 tazas (1 l/32 fl oz)

Polenta instantánea,
1 taza (220 g/7 oz)

Queso parmesano, ¼ taza
(30 g/1 oz), recién rallado

4 PORCIONES

1 Cocine el ragú de verduras
En una sartén grande sobre fuego medio caliente 3
cucharadas del aceite. Agregue la cebolla y saltee cerca de 4
minutos, hasta suavizar. Añada el ajo, calabacitas y hongos y
cocine 4 ó 5 minutos, moviendo ocasionalmente, hasta que
las verduras se suavicen. Agregue los jitomates, romero,
Marsala y aproximadamente ½ cucharadita de sal y la misma
cantidad de pimienta. Continúe cocinando 3 ó 4 minutos,
moviendo frecuentemente, hasta que los jitomates suelten
su jugo y estén suaves.

2 Prepare la polenta
Mientras tanto, en una olla sobre fuego alto hierva el
caldo. Integre la polenta y una cucharadita de sal, batiendo.
Reduzca el fuego a bajo y cocine cerca de 5 minutos, moviendo
frecuentemente, hasta que la polenta esté espesa y cremosa.
Retire del fuego e incorpore la cucharada restante de aceite y el
queso. Usando una cuchara, pase la polenta a tazones poco
profundos, cubra con el ragú y sirva.

sugerencia del chef

La polenta instantánea se puede encontrar casi en todos los mercados y tiendas de autoservicio bien surtidos. Si no puede encontrarla, use polenta regular y cocínela 25 ó 30 minutos o use cornmeal y cocínelo 15 ó 20 minutos.

sugerencia del chef

Sirva el pollo con camotes asados y rebanadas de ñame. Cubra las rebanadas con aceite de oliva, sal y pimienta y ase sobre fuego indirecto, cerca de 30 minutos, hasta que estén suaves.

pollo asado al mojo

1 Marine el pollo

Ralle 2 cucharaditas de piel de naranja y exprima ⅓ taza (80 ml/3 fl oz) de jugo. Ralle una cucharadita de piel de limón y exprima ¼ taza (60 ml/2 fl oz) de jugo. En un plato de vidrio o cerámica poco profundo, lo suficientemente grande para darle cabida al pollo en una sola capa, mezcle las ralladuras y jugos de naranja y limón, 2 cucharadas del perejil, el orégano, tomillo, ajo y comino. Incorpore el aceite. Sazone el pollo generosamente con sal y pimienta. Coloque el pollo en la marinada y voltee para cubrir. Deje reposar a temperatura ambiente durante 10 minutos o tape y refrigere hasta por 2 horas.

2 Cocine el pollo

Mientras tanto, prepare un asador de gas o carbón para asar directamente sobre fuego medio-alto y engrase la parrilla. O precaliente el asador de su horno. Cuando esté listo para cocinar retire el pollo de la marinada y deséchela. Coloque sobre la parrilla del asador o sobre una charola para hornear y póngala debajo del asador. Cocine de 10 a 14 minutos, volteando una sola vez, hasta que esté totalmente opaco. Divida el pollo entre 4 platos, espolvoree con las 2 cucharadas restantes de perejil y sirva.

Naranja, 1

Limones, 2

Perejil liso (italiano) fresco, 4 cucharadas (10 g/ ⅓ oz) finamente picado

Orégano fresco, 1 cucharada, finamente picado

Tomillo fresco, 1 cucharada, finamente picado

Ajo, 3 dientes, finamente picados

Comino molido, 2 cucharaditas

Aceite de oliva, ¼ taza (60 ml/2 fl oz)

Muslos de pollo o pechugas en mitades, sin piel y sin hueso, 4, aproximadamente 750 g (1½ lb) en total

Sal y pimienta recién molida

4 PORCIONES

51

hamburguesas de cordero estilo marroquí

Carne molida de cordero, 750 g (1 ½ lb)

Menta fresca, 5 cucharadas (15 g/½ oz) finamente picada

Perejil fresco, 5 cucharadas (15 g/ ½ oz) finamente picado

Cebolla amarilla o blanca, 1 pequeña, finamente picada

Comino molido, 1 ¼ cucharadita

Canela molida, ½ cucharadita

Sal

Pimienta de cayena, al gusto

Yogurt simple, ½ taza (125 g/4 oz)

Jitomate guaje (Roma), ¾ taza (140 g/4 ½ oz) cortado en dados

Pan árabe, 4, cortado en triángulos

Pepino, 1 grande, partido longitudinalmente a la mitad y rebanado finamente a lo ancho

4 PORCIONES

1 **Prepare las hamburguesas de cordero**
Prepare un asador de gas o carbón para asar directamente sobre fuego alto. En un tazón grande, usando sus manos, mezcle el cordero, 4 cucharadas de menta y la misma cantidad de perejil, la cebolla, una cucharadita del comino, la canela, ½ cucharadita de sal y una pizca de pimienta de cayena. Haga 4 hamburguesas con la mezcla de cordero.

2 **Prepare la salsa de yogurt**
En un tazón pequeño mezcle el yogurt con la menta, perejil y comino restante. Sazone al gusto con sal y pimienta de cayena. Reserve.

3 **Cocine las hamburguesas**
Engrase la parrilla del asador. Ase las hamburguesas de cordero, volteando una sola vez, durante 10 minutos en total para término medio o hasta obtener el término deseado. (O, si lo desea, cocine las hamburguesas de cordero sobre la estufa en una sartén sobre fuego medio-alto durante 10 minutos en total para término medio, volteándolas una sola vez). Coloque una hamburguesa de cordero sobre cada plato, cubra cada hamburguesa con una cucharada de la salsa de yogurt y los jitomates; sirva acompañando con las rebanadas de pepino. Lleve a la mesa la salsa de yogurt restante y los triángulos de pan árabe.

52

sugerencia del chef

Para convertir este plato en una comida completa, sirva las milanesas de pavo y la salsa con puré de papa cremoso y ejotes salteados. Tiene cierta semejanza a una cena sencilla del Día de Gracias y es una comida saludable y reconfortante.

pavo con salsa de hierbas a la sartén

1 Cocine el pavo

Sazone las milanesas de pavo generosamente por ambos lados con sal y pimienta. En un tazón pequeño mezcle la mitad de la salvia, tomillo y mejorana. Espolvoree la mezcla de hierbas sobre el pavo y presione firmemente sobre la carne. En una sartén grande sobre fuego medio-alto derrita 2 cucharadas de la mantequilla. Agregue el pavo en una sola capa y cocine 6 u 8 minutos, volteando una sola vez, hasta que esté dorado en la superficie y totalmente opaco. Pase a un plato.

2 Haga la salsa a la sartén

Agregue las 3 cucharadas restantes de mantequilla a la sartén y reduzca el fuego a medio. Cuando la mantequilla se haya derretido, agregue el apio y la cebolla y saltee cerca de 5 minutos, hasta que se suavicen. Incorpore la harina y cocine 1 ó 2 minutos, moviendo constantemente, hasta que la mezcla se espese y empiece a tornarse de color dorado claro. Incorpore el caldo poco a poco, el Madeira y la salvia, tomillo y mejorana restantes. Cocine 3 ó 4 minutos, moviendo constantemente, hasta que la salsa esté tersa, espesa y burbujeante.

3 Finalice el plato

Vuelva a colocar el pavo y el jugo que haya soltado en la sartén y hierva a fuego lento cerca de un minuto hasta calentar por completo. Divida el pavo y la salsa entre 4 platos y sirva.

Milanesas de pechuga de pavo, 4, cada una de 185 g (6 oz) y 12 mm (½ inch) de grueso

Sal y pimienta recién molida

Salvia fresca, 1 cucharada, finamente picada

Tomillo fresco, 1 cucharada, finamente picado

Mejorana fresca, 1 cucharada, finamente picada

Mantequilla sin sal, 5 cucharadas (75 g/ 2½ oz)

Apio, 2 tallos, finamente picados

Cebolla amarilla o blanca, 1 pequeña, finamente picada

Harina, 3 cucharadas

Caldo de pollo, 2½ tazas (625 ml/20 fl oz)

Madeira o jerez, 2 cucharadas

4 PORCIONES

55

camarones al limón con arroz de coco

Mantequilla sin sal,
5 cucharadas (75 g/ 2½ oz)

Arroz blanco de grano largo, 1 taza (220 g/7 oz)

Leche de coco sin edulcorante, 1¼ taza (310 ml/10 fl oz)

Limón, 1

Ajo, 6 dientes, finamente picados

Camarones grandes (langostinos), 500 g (1 lb) en total, sin piel y limpios

Cebollitas de cambray, 8, su parte blanca y verde clara, rebanadas finamente

Cilantro fresco, ¼ taza (10 g/ ⅓ oz) finamente picado

4 PORCIONES

1 Cocine el arroz

En una olla sobre fuego medio derrita una cucharada de la mantequilla. Agregue el arroz y cocine cerca de un minuto, moviendo constantemente, hasta que los granos estén bien cubiertos con la mantequilla. Incorpore 1¼ taza (310 ml/10 fl oz) de agua y la leche de coco. Hierva, reduzca el fuego a bajo, tape y cocine cerca de 20 minutos, hasta que el líquido se haya absorbido y el arroz esté suave.

2 Cocine los camarones

Mientras se cocina el arroz, ralle una cucharadita de piel de limón y exprima 2 cucharadas de jugo. Aproximadamente 5 minutos antes de que el arroz esté listo, derrita las 4 cucharadas (60 g/2 oz) restantes de mantequilla en una sartén grande sobre fuego medio. Añada el ajo y la ralladura y jugo de limón y revuelva hasta que la mezcla burbujee. Agregue los camarones y las cebollitas; saltee cerca de 3 minutos hasta que los camarones estén totalmente opacos. Incorpore aproximadamente la mitad del cilantro.

3 Finalice el aceite

Esponje el arroz e integre cuidadosamente el cilantro restante. Divida el arroz entre 4 platos, cubra con los camarones y sirva.

sugerencia del chef

Algunas tiendas y pescaderías venden camarones limpios y sin piel, los cuales le ahorrarán bastante tiempo. Evite los camarones que tengan mal olor, una apariencia desagradable o se sientan arenosos.

sugerencia del chef

Las frittatas por lo general llevan verduras picadas y/o carne y quesos muy sazonados, lo cual las hace una forma maravillosa de usar todos los sobrantes que tenga a la mano.

sugerencia del chef

Las rebanadas de papa asada son una buena guarnición para este plato. Corte papas russet en rebanadas y cubra con aceite de oliva, sal y pimienta. Ase en el horno a 190ºC (375ºF) aproximadamente 30 minutos, hasta que estén suaves.

sugerencia del chef

Sirva las brochetas sobre arroz oriental o arroz blanco de grano largo al vapor. Acompañe con rebanadas gruesas de jitomate rociadas con aceite de oliva y espolvoreadas con queso feta desmoronado.

brochetas de cordero
estilo griego

1 Marine el cordero

Remoje 8 pinchos de madera para brocheta en agua fría hasta el momento de usarse. Ralle 3 cucharaditas de piel de limón y exprima 5 cucharadas (75 ml/ 2½ fl oz) de jugo. En un plato de vidrio o cerámica poco profundo, lo suficientemente grande para dar cabida al cordero en una sola capa, mezcle 2 cucharaditas de la ralladura de limón, 3 cucharadas del jugo, el orégano, la mitad de las cebollitas de cambray y del ajo y el aceite. Sazone el cordero generosamente con sal y pimienta. Coloque el cordero en la marinada y voltee para cubrir. Deje reposar durante 15 minutos a temperatura ambiente.

2 Haga la salsa de yogurt

Mientras marina el cordero, mezcle en un tazón pequeño el yogurt, pepino y la cucharadita de ralladura y 2 cucharadas de jugo restantes, así como las cebollitas y el ajo restantes. Sazone con sal y pimienta. Tape y refrigere durante 15 minutos.

3 Cocine el cordero

Prepare un asador de gas o carbón para asar directamente sobre fuego alto y engrase la parrilla con aceite. O precaliente un asador. Cuando esté listo para cocinar, retire el cordero de la marinada, desechándola. Inserte el cordero en los pinchos para brocheta. Colóquelos sobre la rejilla del asador o sobre una charola para asar y póngala debajo del asador. Cocine, volteando una vez, 6 ó 7 minutos en total para término medio-rojo o hasta obtener el término deseado. Divida las brochetas entre 4 platos y sirva con la salsa de yogurt.

Limones, 2 grandes

Orégano fresco, 2 cucharadas, finamente picado

Cebollitas de cambray, 5, su parte blanca y verde clara, finamente rebanadas

Ajo, 5 dientes, finamente picados

Aceite de oliva, ¼ taza (60 ml/2 fl oz)

Pierna de cordero sin hueso, 750 g (1½ lb) en total, cortada en cubos de 5 cm (2 in)

Sal y pimienta recién molida

Yogurt simple, 1 taza (250 g/8 oz)

Pepino, 1 pequeño, sin piel, sin semillas y picado

4 PORCIONES

risotto de vegetales primavera

Caldo de verduras o pollo,
5 tazas (1.25 l/40 fl oz)

Vino blanco seco,
1½ taza (375 ml/12 fl oz)

Mantequilla sin sal,
1 cucharada

Aceite de oliva.
3 cucharadas

Cebolla amarilla o blanca,
1 pequeña, finamente picada

Arroz arborio, 2 tazas
(440 g/14 oz)

Calabacitas (courgettes),
500 g (1 lb), cortadas en
trozos de 12 mm (½-inch)

**Chícharos pequeños
congelados,** 2 tazas
(315 g/10 oz)

Menta fresca, ¼ taza
(10 g /⅓ oz)

Queso parmesano, ⅔ taza
(75 g/2½ oz) recién rallado

**Sal y pimienta recién
molida**

4 PORCIONES

1 Cocine el risotto

En una olla sobre fuego medio hierva el caldo y el vino; mantenga hirviendo sobre fuego bajo. Mientras tanto, en una olla gruesa u horno holandés sobre fuego medio derrita la mantequilla con una cucharada del aceite. Agregue la cebolla y saltee cerca de 4 minutos, hasta suavizar. Agregue el arroz y cocine cerca de un minuto, moviendo constantemente, hasta que todos los granos estén opacos y bien cubiertos con la grasa. Añada 2 tazas (500 ml/16 fl oz) de la mezcla de caldo hirviendo y cocine 3 ó 4 minutos, moviendo frecuentemente, hasta que se absorba el líquido. Reduzca el fuego a medio-bajo y continúe agregando aproximadamente una taza del líquido a la vez, moviendo ocasionalmente y agregando más líquido cuando se haya absorbido la adición anterior.

2 Saltee las verduras

Mientras se cocina el arroz, caliente las 2 cucharadas restantes de aceite en una sartén sobre fuego medio. Agregue las calabacitas y saltee aproximadamente 4 minutos, hasta que estén suaves. Añada los chícharos y cocine cerca de 2 minutos, moviendo, hasta que estén suaves y calientes. Retire del fuego.

3 Finalice el risotto

Cuando el arroz esté suave y cremoso pero los granos aún estén al dente en el centro, aproximadamente después de 22 minutos, incorpore las verduras salteadas y la menta y cocine durante un minuto para calentar. Incorpore el queso. Sazone al gusto con sal y pimienta, divida entre tazones poco profundos y sirva.

sugerencia del chef

A muchos cocineros no les gusta hacer risotto en casa debido a que creen que se tiene que mover constantemente. Pero en realidad el cocinero puede relajarse un poco. Si pone atención a la cantidad de líquido y mueve de vez en cuando, también obtendrá buenos resultados.

ensalada de pasta y carne de res estilo tai

1 Marine el filete y cocine el fideo

En un plato de vidrio o cerámica poco profundo, lo suficientemente grande para dar cabida al filete, mezcle el ajo con la salsa de pescado, salsa de soya, azúcar y ¼ taza (60 ml/2 fl oz) del aceite de cacahuate. Vierta ¼ taza de la marinada en un tazón pequeño, tape y refrigere para usar más tarde como vinagreta. Sazone el filete con pimienta. Coloque el filete en la marinada y voltee para cubrir. Deje reposar a temperatura ambiente durante 15 minutos. Mientras tanto, hierva agua en una olla grande. Añada el fideo vermicelli y cocine de acuerdo a las instrucciones del paquete. Escurra y reserve.

2 Cocine el filete

Mientras se marina el filete, prepare un asador de gas o carbón para asar directamente sobre fuego alto y engrase la parrilla con aceite. O precaliente el asador de su horno. Cuando esté listo para cocinar, retire la carne de la marinada y deséchela. Coloque sobre la parrilla del asador o sobre una charola para asar y póngala debajo del asador. Cocine, volteándola una sola vez, 10 ó 12 minutos en total para término medio-rojo o hasta obtener el término deseado. Pase a una tabla de picado y deje reposar durante 5 minutos.

3 Haga la vinagreta y monte la ensalada

Bata el ¼ taza de aceite restante y el vinagre con la marinada reservada. Sazone al gusto con pimienta. Corte el filete en contra del grano en rebanadas delgadas. En un tazón grande mezcle las hortalizas, fideo vermicelli, cebolla, albahaca y rebanadas de filete. Rocíe con la vinagreta y mezcle. Divida entre 4 platos y sirva.

Ajo, 4 dientes, finamente picados

Salsa asiática de pescado, ¼ taza (60 ml/2 fl oz)

Salsa de soya, 1 ½ cucharada

Azúcar, 2 cucharaditas

Aceite de cacahuate, ½ taza (120 ml/4 fl oz)

Filete de falda, 750 g (1 ½ lb)

Pimienta recién molida

Fideo vermicelli de arroz, 250 g (½ lb)

Vinagre de arroz, 2 cucharadas

Hortalizas mixtas, 6 tazas (185 g/6 oz)

Cebolla morada, 1 pequeña, partida a la mitad y en rebanadas delgadas

Albahaca fresca, de preferencia tai, ½ taza (15 g/½ oz)

4 PORCIONES

guisado
italiano de mariscos

Aceite de oliva,
3 cucharadas

Poro, 1, incluyendo su parte
verde clara, partido a la mitad,
lavado y rebanado finamente

Bulbo de hinojo, 1
pequeño, limpio y picado

Ajo, 3 dientes, finamente
picados

Jitomates en cubos, 1 lata
(455 g/14½ oz), con su jugo

Caldo de pescado, 1½ taza
(375 ml/12 fl oz)

Vino tinto o blanco seco,
1 taza (250 ml/8 fl oz)

Tomillo fresco,
1 cucharada, picado

**Sal y pimienta recién
molida**

**Filetes de pescado blanco
firme como el halibut,** 375
g (¾ lb) en total, cortado en
trozos de 2.5 cm (1 in)

**Mejillones pequeños o
almejas,** 18, bien tallados

Carne de cangrejo fresco,
185 g (6 oz), limpia, sin trozos
de concha

4 PORCIONES

1 Cocine las verduras
En una olla grande u horno holandés sobre fuego medio
caliente el aceite. Agregue el poro y el hinojo y saltee
aproximadamente 5 minutos, hasta suavizar. Integre el ajo y
saltee 30 segundos. Añada los jitomates con su jugo, caldo de
pescado, vino y tomillo. Eleve la temperatura a media-alta y
hierva. Reduzca el fuego a medio-bajo, tape parcialmente y
hierva a fuego lento un minuto para mezclar los sabores.
Sazone al gusto con sal y pimienta.

2 Cocine los mariscos
Coloque el pescado y los mejillones en la sartén,
desechando aquellos mejillones que no se cierren al tacto.
Tape y hierva a fuego lento 3 ó 4 minutos, hasta que se abran
los mejillones y el pescado esté totalmente opaco. Añada el
cangrejo y hierva a fuego lento durante un minuto para
calentar. Vierta en tazones poco profundos, desechando los
mejillones que no se hayan abierto y sirva.

sugerencia
del chef

El buen caldo de pescado cada
vez es más fácil de encontrar en
tiendas de mariscos y tiendas
especializadas en alimentos.
Cómprelo en recipientes
pequeños y almacene en el
congelador hasta por 3 meses.

sugerencia del chef

Las flores de asadas son un acompañamiento sencillo para este paltillo. Mezcle los floretes con un poco de aceite de oliva, espolvoree con sal y pimienta, coloque en una canastilla para asar sobre la rejilla del asador o sobre una charola para asar. Cocine 3 ó 4 minutos, volteando una o dos veces, hasta que estén suaves pero crujientes y las orillas se hayan dorado.

chuletas de puerco con manzanas a las hierbas

1 Sazone las chuletas de puerco

En un tazón pequeño mezcle la salvia, tomillo, orégano, romero, ½ cucharadita de sal y ¼ cucharadita de pimienta. Sazone las chuletas de puerco por ambos lados con la mezcla de hierbas, presionando firmemente sobre la carne. Coloque las chuletas sobre un platón grande en una sola capa y deje reposar durante 10 minutos a temperatura ambiente o tape y refrigere durante toda la noche.

2 Cocine el puerco

Mientras tanto, prepare un asador de gas o carbón para asar directamente sobre fuego medio-alto y engrase la parrilla con aceite. O precaliente el asador de su horno. Cuando esté listo para cocinar, coloque las chuletas sobre la parrilla del asador o sobre una charola para hornear con borde y póngala debajo del asador. Cocine de 8 a 12 minutos en total, volteando una o dos veces, hasta que estén doradas en la superficie y ligeramente rosadas en el interior.

3 Cocine las manzanas

Cuando las chuletas estén a la mitad del cocimiento, barnice las rebanadas de manzana con el aceite y colóquelas alrededor del puerco en las orillas del asador en donde el fuego es menos intenso o alrededor de las chuletas sobre la charola para hornear. Cocine 4 ó 6 minutos en total, volteando una o dos veces, hasta que estén ligeramente doradas y suaves. Corte las rebanadas de manzanas a la mitad y sirva con las chuletas.

Salvia seca, 1 cucharadita

Tomillo seco, 1 cucharadita

Orégano seco, 1 cucharadita

Romero seco, ¾ cucharadita

Sal y pimienta recién molida

Chuletas de puerco con hueso central, 4, cada una de 2.5 cm (1 in) de grueso

Manzanas ácidas como la Granny Smith, 2, descorazonadas y cortadas transversalmente en rebanadas de 12 mm (½ inch) de grueso

Aceite de canola, 1 cucharada

4 PORCIONES

lomo de puerco
cubierto con hinojo

Limón, 1 grande

Semillas de hinojo,
1 ½ cucharada

Sal, 1 cucharadita

Granos de pimienta negra,
2 ½ cucharaditas, machacados
grueso

Ajo, 3 dientes grandes,
finamente picados

Aceite de oliva,
1 ½ cucharada

Lomo de puerco,
1 (aproximadamente
625 g/ 1 ¼ lb) o 2
(aproximadamente
375 g/¾ lb cada uno)

4 PORCIONES

1 **Prepare el puerco**
Ralle 1 ½ cucharadita de piel de limón y exprima una
cucharada de jugo en un tazón pequeño. Añada las semillas
de hinojo, sal, pimienta, ajo y aceite y mezcle. Coloque el
puerco en una charola para asar y frote por todos lados con la
mezcla de especias. Deje reposar a temperatura ambiente
durante 5 minutos o tape y refrigere durante toda la noche.

2 **Ase el puerco**
Precaliente el horno a 220ºC (425ºF). Ase el puerco
de 12 a 15 minutos, hasta que esté dorado en la superficie
y ligeramente rosado en el centro y que un termómetro de
lectura instantánea en el centro marque entre 63º y 65ºC
(145º-150ºF). Pase el puerco a una tabla de picar, tape
holgadamente con papel aluminio y deje reposar durante 10
minutos. Corte en diagonal en rebanadas de 12 mm (½ inch)
de grueso, dividiéndolo entre 4 platos y sirva.

sugerencia del chef

Ase trozos de papas, tubérculos o calabazas de invierno cubiertas con aceite de oliva, sal y pimienta junto con el puerco. Coloque en el horno aproximadamente 10 minutos antes de asar el puerco. Mezcle las verduras a menudo y ase hasta que estén suaves.

haga más
para almacenar

clásico
pollo asado

POLLO ASADO

Pollos enteros, 2, cada uno de aproximadamente 1.75 kg (3½ lb)

Romero o estragón fresco, 4 cucharadas (10 g/ ⅓ oz) , finamente picado

Sal y pimienta recién molida

Caldo de pollo, ¾ taza (180 ml/6 fl oz)

Vino blanco seco o caldo de pollo, ¼ taza (60 ml/2 fl oz)

4 PORCIONES

rinde aproximadamente 8 tazas (1.5 kg/3 lb) de pollo cocido en total

El pollo asado es un maravilloso ingrediente para usar como el centro de una comida, pero también es muy bueno si se usa al día siguiente. En esta receta usted asa dos aves de manera que tiene cena para esta noche además de sobrantes para hacer las recetas de las siguientes páginas.

1 Prepare los pollos
Precaliente el horno a 230ºC (450ºF). Coloque las aves con la pechuga hacia arriba en una charola grande para asar sobre una parrilla (o use dos charolas). Seque el pollo con toallas de papel. Frote la superficie de ambos pollos con 2 cucharadas de romero y una cantidad generosa de sal y pimienta.

2 Ase los pollos
Ase los pollos durante 20 minutos. Reduzca la temperatura del horno a 200ºC (400ºF) y continúe asando aproximadamente 40 minutos más, hasta que un termómetro de lectura instantánea insertado en un muslo, lejos del hueso, registre 77ºC (170ºF). Pase un pollo a una tabla de picar y deje reposar durante 10 minutos. Coloque el otro pollo por separado y deje enfriar antes de desmenuzar la carne y almacenarla. (vea Consejo de Almacenamiento, a la derecha).

3 Haga la salsa a la sartén
Deseche la grasa de la charola para asar dejando una cucharada en ella. Coloque sobre fuego medio-alto y agregue el caldo y el vino. Hierva y mezcle, raspando los trocitos dorados de la base de la charola. Cocine cerca de un minuto, hasta que se reduzca ligeramente. Sazone al gusto con sal y pimienta. Parta uno de los pollos en piezas y divida entre 4 platos. Cubra con la salsa y sirva.

consejo de almacenamiento

Para almacenar el otro pollo y usarlo en las siguientes recetas, déjelo enfriar, retire la carne de los huesos, desechando la piel y el esqueleto. Si le sobraron piezas del primer pollo, retire su carne del mismo modo. Deshebre la carne y almacene en un recipiente hermético o en una bolsa de plástico con cierre hermético y refrigere hasta por 3 días.

sugerencia del chef

Las quesadillas son ideales para usar sobrantes. Experimente con diferentes combinaciones como frijoles negros, queso rallado y hierbas frescas o rebanadas de salchichas ahumadas y pimientos (capsicums) asados.

quesadillas de pollo y espinaca

1 **Prepare el relleno**
En una sartén grande y gruesa sobre fuego medio caliente una cucharada del aceite. Añada los champiñones y saltee cerca de 3 minutos, hasta que estén suaves. Agregue la espinaca y el pollo y saltee cerca de 30 segundos, hasta que la espinaca se marchite. Pase a un tazón.

2 **Arme las quesadillas**
Usando una cuchara divida la mezcla de pollo entre las tortillas, colocándola en medio de cada tortilla y dejando una orilla de 2 cm (¾-inch)). Espolvoree uniformemente con el queso. Doble las tortillas a la mitad sobre la mezcla de pollo para cerrar holgadamente.

3 **Cocine las quesadillas**
Limpie la sartén con una toalla de papel y vuelva a poner sobre fuego medio. Barnice ligeramente con el aceite restante. Trabajando en tandas, ponga las quesadillas en la sartén y cocine 1 ó 2 minutos, hasta que se doren por un lado. Usando una espátula grande voltee las quesadillas cuidadosamente y cocine 2 ó 3 minutos más hasta que se doren por el otro lado y el queso se haya derretido. Divida las quesadillas entre 4 platos y sirva. Acompañe a la mesa con la crema agria y la salsa.

Pollo Asado, 2 tazas (375 g/12 oz), deshebrado, hecho en casa (página 76) o comprado

Aceite de maíz, 3 cucharadas

Champiñones frescos, 185 g (6 oz), limpios y rebanados

Espinaca miniatura, 2 tazas compactas (125 g/4 oz)

Tortillas de harina, 8, cada una de 25 cm (10 in) de diámetro

Queso Monterey jack, 2 tazas (250 g/8 oz), rallado

Crema agria, ½ taza (125 g/4 oz)

Salsa mexicana, ½ taza (125 g/4 oz), hecha en casa o comprada

4 PORCIONES

79

cuscús de pollo
con frutas secas

Pollo Asado, 2 tazas
(375 g/12 oz), deshebrado,
hecho en casa (página 76)
o comprado

Limones, 2

Aceite de oliva, 4
cucharadas (60 ml/2 fl oz)

Cebolla amarilla o blanca,
1 pequeña, picada

Ajo, 3 dientes,
finamente picados

Comino molido,
1 ½ cucharadita

Canela molida,
¾ cucharadita

**Mezcla de frutas secas
como dátiles y
chabacanos,** 1 taza
(185 g/6 oz)

Caldo de pollo, 3 tazas
(750 ml/24 fl oz)

Cuscús, 2 tazas (185 g/6 oz)

Cilantro fresco, ¼ taza
(10 g/⅓ oz)

Hojuelas de almendras,
½ taza (60 g/2 oz)

4 PORCIONES

1 Cocine las verduras

Ralle 1 ½ cucharadita de piel de limón y exprima ¼ taza
(60 ml/2 fl oz) de jugo. En una olla grande sobre fuego medio
caliente 3 cucharadas del aceite. Agregue la cebolla y saltee
cerca de 4 minutos, hasta suavizar. Añada el ajo y saltee 1 ó 2
minutos, hasta que la cebolla y el ajo estén dorados. Integre el
comino y la canela e incorpore el pollo, ralladura y jugo de
limón, frutas secas y caldo. Hierva la mezcla, reduzca el fuego
a medio-bajo, tape y hierva durante 5 minutos para mezclar los
sabores.

2 Cocine el cuscús

Integre el cuscús, vuelva a tapar la olla y retire del fuego.
Deje reposar cerca de 5 minutos, hasta que se absorba el
líquido y el cuscús esté suave. Agregue el cilantro y mezcle
con un tenedor para esponjar el cuscús y distribuir el cilantro.
Adorne con las almendras y sirva.

sugerencia del chef

Esta comida de un solo plato es ideal para un día de campo o imprevistos por dos buenas razones: se transporta fácilmente y sabe delicioso a temperatura ambiente. Asegúrese de refrigerar hasta una hora antes de servir.

sugerencia del chef

Para preparar un mango, primero retire la piel con un pelador de verduras o cuchillo mondador. Después coloque el mango en posición vertical sobre una de sus puntas delgadas y use un cuchillo filoso para cortar hacia abajo a un lado del punto de floración, justo al lado del hueso. Repita la operación del otro lado. Corte cada mitad en rebanadas. Desprenda la pulpa que haya quedado adherida al hueso.

ensalada de pollo y mango

1 **Haga la vinagreta**
En un procesador de alimentos mezcle el aceite de cacahuate, vinagre, mostaza y aceite de chile (si lo usa) y procese hasta mezclar. Agregue el ajo y el chutney y continúe procesando hasta obtener un puré terso.

2 **Monte la ensalada**
En un tazón mezcle el pollo, apio, cebolla, nuez de la India y mango. Agregue la vinagreta y mezcle suavemente para cubrir. Divida la lechuga entre platos individuales, cubra con la mezcla de pollo y sirva.

Pollo Asado, 2 tazas (375 g/12 oz), deshebrado, hecho en casa (página 76) o comprado

Aceite de cacahuate o canola, ⅔ taza (160 ml/5 fl oz)

Vinagre de vino blanco, ¼ taza (60 ml/2 fl oz)

Mostaza Dijon, 1 cucharada

Aceite de chile asiático, 2 ó 3 cucharaditas (opcional)

Ajo, 2 dientes, finamente picados

Chutney de mango, ½ taza (155 g/5 oz)

Apio, 1 tallo, rebanado finamente

Cebolla morada, 1 pequeña, partida a la mitad y rebanada finamente

Nuez de la India asada y salada, ⅓ taza (75 g /2½ oz), picada grueso

Mango, 1, sin piel, sin hueso y rebanado finamente

Lechuga francesa, 4 tazas (125 g/4 oz), picada finamente

4 PORCIONES

ensalada de pollo
estilo provenzal

Pollo Asado, 2 tazas
(375 g/12 oz), deshebrado,
hecho en casa (página 76)
o comprado

Vinagre de vino tinto,
3 cucharadas

Mostaza Dijon, 1 cucharada

Aceite de oliva, ⅓ taza
(80 ml/3 fl oz)

**Sal y pimienta recién
molida**

Papas rojas, 500 g
(1 lb), pequeñas

Ejotes delgados, 250 g
(½ lb), limpios

Lechuga Mantequilla,
1 pequeña, sus hojas
separadas

Jitomate guaje,
3, cortados en rebanadas

Aceitunas Nicoise, ½ taza
(75 g/2 ½ oz)

Cebolla morada, 1 pequeña,
rebanada finamente

Albahaca fresca, ¼ taza
(10 g /⅓ oz)

4 PORCIONES

1 Haga la vinagreta
En un tazón pequeño bata el vinagre con la mostaza.
Incorpore el aceite, batiendo. Sazone al gusto con sal y
pimienta. Reserve.

2 Cocine las verduras
En una olla grande mezcle las papas con agua hasta
cubrir y una pizca generosa de sal. Hierva sobre fuego alto,
reduzca el fuego a medio y cocine 8 minutos. Agregue los
ejotes y continúe cocinando 2 ó 3 minutos más, hasta que las
papas se sientan suaves al picarlas con la punta de un cuchillo
y los ejotes estén suaves pero crujientes. Escurra las papas y
los ejotes. Deje enfriar ligeramente. Rebane las papas y
colóquelas en un tazón. Agregue los ejotes y 3 cucharadas
de la vinagreta y mezcle para cubrir.

3 Monte la ensalada
Cubra un platón o platos individuales con las hojas de
lechuga. Acomode el pollo, papas, ejotes, jitomates y aceitunas
sobre la lechuga. Espolvoree con las rebanadas de cebolla y
albahaca. Rocíe con la vinagreta restante y sirva.

84

sugerencia del chef

Las papas y ejotes se pueden cocinar y la vinagreta se puede preparar con un día de anticipación. Almacene en recipientes herméticos dentro del refrigerador. Deje reposar a temperatura ambiente antes de servir.

pecho
asado

PECHO ASADO

Pecho asado, aproximadamente 2.5 kg (5 lb), sin demasiada grasa

Páprika, 1 cucharada

Sal y pimienta recién molida

Aceite de oliva, 2 cucharadas

Cebollas amarillas o blancas, 2, picadas

Apio, 3 tallos, picados

Zanahorias, 2, picadas

Caldo de res, 2 tazas (500 ml/16 fl oz)

Vino tinto seco, ¾ taza (180 ml/6 fl oz)

Jitomates en dados, 1 lata (455 g /14½ oz), con su jugo

Mejorana fresca, 2 cucharadas, finamente picada

4 PORCIONES

rinde aproximadamente 10 tazas (2 kg/4 lb) de pecho rebanado o deshebrado

El sabroso pecho de res es un ingrediente ideal para asar al horno. Sírvalo con su salsa la primera vez y después use los sobrantes para hacer sándwiches, pasta o un suculento pay que presentamos en las siguientes páginas.

1 Dore la carne
Precaliente el horno a 165ºC (325ºF). Sazone el pecho con la páprika y sal y pimienta. En una olla grande y gruesa o un horno holandés sobre fuego medio-alto caliente el aceite. Añada el pecho y cocine cerca de 10 minutos, volteando conforme sea necesario, hasta que esté bien dorado por todos lados. Pase a un platón.

2 Cocine las verduras y el pecho
Añada las cebollas, apio y zanahorias a los jugos de la olla y saltee sobre fuego medio aproximadamente 5 minutos, hasta que las verduras estén suaves. Integre el caldo y mezcle, raspando los trocitos dorados de la base de la olla. Incorpore el vino y los jitomates y su jugo. Vuelva a colocar en la olla la carne y el jugo que haya soltado. Tape, meta al horno y cocine entre 3 y 3½ horas, hasta que el pecho se sienta suave al picarlo con un tenedor.

3 Haga la salsa
Pase el pecho a una tabla de picar y deje reposar durante 10 minutos. Usando una cuchara retire y deseche la grasa del líquido de la olla. Coloque la olla sobre fuego medio-alto y hierva el líquido. Integre la mejorana, reduzca el fuego a medio y hierva entre 7 y 10 minutos, hasta que el líquido se reduzca una cuarta parte. Pruebe la salsa y sazone con sal y pimienta. Rebane el pecho en contra del grano y sirva cubriendo con un poco de la salsa y algunas verduras.

consejo de almacenamiento

Para almacenar el pecho sobrante colóquelo, ya sea en trozo o deshebrado, en recipientes herméticos. Almacene la salsa en otro recipiente hermético. Refrigere la carne y la salsa hasta por 3 días.

sugerencia del chef

Actualmente hay muchas salsas barbecue de marca comercial de buena calidad en el mercado. Si prefiere un sándwich con menos salsa, en vez de sumergir la carne en la salsa para calentarla, vierta la salsa en un tazón pequeño y use una brocha para barnizarla sobre la carne.

sándwiches de
pecho barbecue

1 **Caliente el pecho**
En una sartén sobre fuego medio caliente la salsa barbecue. Agregue las rebanadas de pecho o el pecho deshebrado y coloque en la salsa hasta calentar por completo.

2 **Arme los sándwiches**
Tueste los bollos ligeramente. Coloque las partes inferiores de los bollos, con la parte cortada hacia arriba, sobre platos individuales y divida el pecho entre ellos, humedeciendo la carne de cada sándwich con un poco de la salsa.
Cierre los sándwiches con las tapas y sirva.

Pecho asado, 2 tazas (375 g/12 oz), rebanado o deshebrado (página 86)

Salsa barbecue, ½ taza (120 ml/4 fl oz)

Bollos crujientes para sándwich,
4, rebanados a la mitad

4 PORCIONES

pappardelle
con ragú de res

Pecho asado, 2 tazas
(375 g/12 oz), rebanado
o deshebrado (página 86)

Salsa de pecho, 1 taza
(250 ml/8 fl oz)

Pancetta o tocino,
60 g (2 oz), en dados

Poros, 2 grandes, su parte
blanca y verde claro, partidos
a la mitad, lavados y
rebanados finamente

Bulbo de hinojo,
1 pequeño, limpio y picado

Ajo, 2 dientes, finamente
picados

Jitomates en dados, 1 lata
(455 g/14½ oz), con su jugo

Albahaca fresca, ¼ taza
(10 g / ⅓ oz) minced

Sal

**Pappardelle u otra pasta
ancha de huevo,**
375 g (¾ lb)

Queso parmesano, ½ taza
(60 g/2 oz), recién rallado

4 PORCIONES

1 Cocine las verduras
En una sartén grande sobre fuego medio cocine la
pancetta cerca de 5 minutos, moviendo ocasionalmente,
hasta que se dore. Usando una cuchara ranurada pase la
pancetta a un plato pequeño. Agregue los poros y el hinojo
a los jugos de la sartén y saltee aproximadamente 5
minutos, hasta suavizar. Agregue el ajo y saltee cerca de
un minuto,

2 Haga el ragú
Coloque el pecho, salsa, jitomates y su jugo en la sartén.
Eleve el fuego a alto y hierva. Cuando suelte el hervor reduzca
el fuego a medio y hierva a fuego lento cerca de 10 minutos,
moviendo ocasionalmente, hasta que los sabores se mezclen y
la salsa se reduzca ligeramente. Integre la albahaca y cocine
durante un minuto más. Incorpore la pancetta reservada.

3 Cocine la pasta
Mientras el ragú hierve a fuego lento, hierva agua en una
olla grande. Agregue 2 cucharadas de sal y la pasta y cocine,
moviendo ocasionalmente para evitar que se pegue, hasta que
la pasta esté al dente, de acuerdo a las instrucciones del
paquete. Escurra la pasta, intégrela a la salsa y mezcle para
cubrir. Divida entre tazones poco profundos y sirva. Acompañe
a la mesa con el queso.

sugerencia
del chef

Este delicioso y sustancioso ragú
es excelente para mezclar con
fettucine, linguine o bucatini.
También se puede agregar a 375 g
(¾ lb) de penne cocido, ziti o
gemelli servido en un refractario
y cubierto con queso mozzarella
rallado. Hornee a 190ºC (375ºF)
cerca de 10 minutos, hasta que
esté caliente.

sugerencia del chef

El puré de papa se puede preparar hasta con 2 días de anticipación. Almacénelo en un recipiente hermético dentro del refrigerador. Ésta también es una excelente forma de usar un sobrante de puré de papas. Asegúrese de tener 3 tazas (750 g/24 oz) en total.

shepherd's
pay

1 **Cocine las papas**
En una olla grande mezcle las papas con agua hasta cubrir y una pizca generosa de sal. Hierva sobre fuego alto, reduzca el fuego a medio y cocine de 12 a 15 minutos, hasta que las papas se sientan suaves al picarlas con la punta de un cuchillo. Escurra. Pase las papas a través de un pasapurés colocado sobre un tazón o presione en el tazón con un prensa papas. Agregue la leche y una cucharada de la mantequilla y bata con una cuchara de madera o con una batidora manual a velocidad media hasta obtener un puré terso y esponjado.

Sazone con ½ cucharadita de sal y ¼ cucharadita de pimienta.

2 **Hierva el relleno a fuego lento**
Mientras las papas se cuecen, derrita la cucharada restante de mantequilla en otra olla sobre fuego medio. Agregue la cebolla y las zanahorias y cocine cerca de 5 minutos, moviendo a menudo, hasta que estén suaves. Integre los chícharos, pecho, salsa y tomillo. Hierva a fuego lento y cocine entre 7 y 10 minutos, moviendo ocasionalmente, hasta que esté caliente.

3 **Monte y cocine**
Precaliente el asador de su horno. Usando una cuchara coloque el relleno caliente en un refractario cuadrado de 23 cm (9 in) poco profundo. Extienda las papas uniformemente sobre el relleno. Coloque debajo del asador y ase cerca de un minuto, hasta que las papas se doren. Sirva directamente del refractario.

Pecho asado, 3 tazas (560 g/18 oz), rebanado o deshebrado (página 86)

Salsa de pecho, 2 tazas (500 ml/16 fl oz) o 1 taza (250 ml/8 fl oz) de caldo de res

Papas russet, 1 kg (2 lb), sin piel y cortadas en trozos

Sal y pimienta recién molida

Leche o media crema, ¾ taza (180 ml/6 fl oz)

Mantequilla sin sal, 2 cucharadas

Cebolla amarilla o blanca, 1 pequeña, finamente picada

Zanahorias, 2, finamente picadas

Chícharos pequeños congelados, ¾ taza (125 g/4 oz), descongelados

Tomillo fresco, 1 cucharada, picado

4 PORCIONES

el cocinero inteligente

El secreto de llevar la comida a la mesa en un día laboral no significa pasar más tiempo en la cocina sino cocinar de forma más inteligente. Y usted lo puede lograr si usa recetas inspiradas, una alacena bien surtida, un plan de comidas semanales y unos cuantos viajes estratégicos para hacer sus compras. Sus esfuerzos proporcionarán platos sencillos y sustanciosos en menos de 30 minutos, proporcionándole más tiempo para sentarse y gozar la comida con su familia.

Mantenga su despensa bien surtida y tendrá la base para todas las comidas de la semana. Planee sus menús y hará menos viajes a la tienda. Cocine un pollo asado extra o un pecho de res asado en el fin de semana para que lo pueda usar en otras recetas de la semana. En las siguientes páginas encontrará consejos de cómo organizar su tiempo y surtir su cocina, las claves para convertirse en un cocinero inteligente.

manos a la obra

Las claves para cocinar deliciosas comidas todos los días de la semana son la planeación y organización. Esto significa tener una despensa bien surtida (página 104), hacer un plan semanal de comidas y pensar cuidadosamente cómo adaptar la forma en que prepara sus alimentos con su horario. Con estas estrategias sencillas bien organizadas ahorrará horas en la cocina y en sus compras y tendrá más tiempo para usted y su familia.

planee una comida del diario

■ **Vea toda la semana.** Durante la semana tome el tiempo para pensar cuántas comidas tiene que preparar para la semana. Una buena estrategia es planear un menú con por lo menos un plato principal que se puede duplicar con poco esfuerzo extra, como la sustanciosa receta del pecho de res en el capítulo 3, para que usted pueda usar los sobrantes como la base de una comida más adelante en la semana. Después elija otras recetas para completar la semana. Querrá tener menús variados, pasta o sopa y ensalada un día, un plato principal de Asia con arroz o un guisado italiano de verduras sobre polenta para otro día.

■ **Deje que las estaciones sean su guía.** Elija platos principales que vayan de acuerdo a la temporada: guisados sustanciosos y cálidos asados para el invierno, ligeras pastas y ensaladas en climas cálidos. Esto le permitirá sacar la mayor ventaja de los mejores ingredientes frescos de cada estación. Quizás también ahorre dinero ya que los alimentos de temporada a menudo son más económicos.

■ **Haga concordar sus menús con su horario.** Una vez que haya elegido sus platos principales, puede decidir qué día funcionará mejor para cada receta. Para los días más ocupados, elija recetas que se puedan hacer por adelantado.

■ **Involucre a todos.** Pida a los niños y demás miembros de la familia que le ayuden a planear el menú de la semana y ellos gozarán más cada comida. Anímelos también a ayudarle con la preparación de los alimentos.

■ **Cocine en el fin de semana.** Si le es posible, prepare alguna parte o toda la comida del lunes durante el fin de semana. También puede cocinar una ración doble de algún plato que se pueda congelar, ya sea un guisado, curry o una sopa y almacene la mitad en el congelador para usarlo más adelante. (vea la página 106 para algunos consejos de congelación).

(vea la página 106 para algunos consejos de congelación).

PENSANDO EN LAS TEMPORADAS

Aquí presentamos una guía para usar lo mejor que cada temporada nos ofrece siempre que haga las recetas de este libro.

primavera Sirva platos ligeros, ensaladas, sopas y pastas que lleven espárragos, hinojo, hierbas frescas (como eneldo, cebollín, perejil y menta), cebollitas de cambray, papas cambray, chícharos y cordero.

verano Sirva carne asada, mariscos o pollo acompañados con pastas, sopas y ensaladas que lleven arúgula (rocket), aguacates, pimientos (capsicums), elotes, pepinos, ejotes, hierbas finas (como albahaca, tomillo y perejil), jitomates y calabacitas (courgettes).

otoño Sirva sustanciosas sopas, pastas y alimentos asados hechos con verduras de cocimiento lento, incluyendo calabazas butternut y acorn, coliflor, hierbas frescas (como salvia, hojas de laurel y romero), poros, hongos, papas y camotes.

invierno Sirva guisados calientes, platos estofados y sopas que lleven betabeles, col, hierbas frescas (como romero y salvia), hortalizas cálidas como la col rizada y la acelga, hongos, pastinacas, nabo sueco, nabos y calabazas de invierno.

afínelo

Una vez que haya decidido cuál será el plato principal de su comida, elija entre una amplia variedad de atractivas guarniciones para afinar su menú. Tenga presente la velocidad y la facilidad de la preparación.

ensalada Para ahorrar tiempo compre hortalizas empacadas y prelavadas. Elija ingredientes para su ensalada que complementen el plato principal: una ensalada con lechuga, pepinos y un aderezo estilo asiático para acompañar un curry tai o una ensalada de arúgula, jitomate y lajas de queso parmesano aderezada con aceite de oliva y jugo de limón para acompañar una pasta italiana. Haga una cantidad mayor de aderezo y almacénelo en el refrigerador para usar en la semana.

verduras frescas Puede hervir, blanquear o asar muchas verduras con anticipación, refrigérelas y recaliéntelas a la hora que las necesite. O sirva las verduras a temperatura ambiente, rociadas con una vinagreta o con aceite de oliva y jugo de limón.

verduras asadas Mientras hace el plato principal también puede asar verduras. Empiece con productos frescos precortados como floretes de brócoli y coliflor, calabaza butternut o puntas de espárragos. Rocíe las verduras con un poco de aceite de oliva y áselas en una sola capa sobre una charola para hornear a 220°C (425°F) durante 10 ó 20 minutos (dependiendo de la verdura), moviendo ocasionalmente. Sazone con sal y pimienta y sirva.

verduras braseadas Compre hortalizas empacadas, prelavadas, como la espinaca o una mezcla de hortalizas para brasear y cocínelas en aceite de oliva. Para las hortalizas más duras como la col rizada, agregue un poco de consomé y cocine, tapadas, hasta que estén suaves.

papas Compre papas cambray pequeñas, cúbralas con aceite de oliva y espolvoree con sal antes de asarlas como lo haría con otras verduras (vea arriba). O hierva las papas más grandes en agua salada durante 20 ó 30 minutos, déjelas enfriar y guárdelas en el refrigerador para uso posterior.

arroz Cocine arroz blanco o integral por anticipado y refrigere o congele en bolsas de plástico con cierre hermético.

cuscús El cuscús instantáneo, que se puede encontrar simple o en una variedad de mezclas de temporada, tarda menos de 10 minutos de preparación sobre su estufa.

polenta La polenta de cocimiento rápido también está lista para servirse en menos de 10 minutos. Haga una ración doble, agréguele un poco de queso parmesano y sirva la mitad. Vierta el resto en una charola para hornear, tape con plástico adherente y refrigere para otra comida. Cuando quiera usar la polenta, córtela en cuadros o triángulos y fría en aceite de oliva en una sarten antiadherente hasta dorar por ambos lados.

pan artesanal Caliente pan crujiente brevemente en el horno, rebánelo y sirva con mantequilla o aceite de oliva de buena calidad.

jitomates Rebane jitomates frescos y maduros, acomode las rebanadas en un platón y sazone con aceite de oliva, sal y pimienta recién molida. Si lo desea, espolvoree con queso feta desmoronado, aceitunas o hierbas frescas picadas.

pepinos Mezcle pepinos rebanados con vinagreta y hierbas frescas picadas como guarnición para un pescado. O aderece las rebanadas con vinagre de arroz, aceite de ajonjolí asiático, una pizca de azúcar y un poco de semillas de ajonjolí tostado para acompañar platos asiáticos.

postres sencillos Para las comidas, cuando tenga tiempo de preparar postres, experimente con estas ideas sencillas: fruta de temporada rociada con miel de abeja, crema o yogurt; helado cubierto con nueces y salsa de chocolate caliente, salsa de caramelo o café caliente; una selección de quesos servidos con rebanadas de manzanas, frutas secas y nueces.

ejemplo de comidas

Estos consejos para las comidas semanales le darán ideas para tener una comida de domingo más descansada mostrando sugerencias para comidas rápidas para el diario. Cuando cocine un pollo o pecho de res al iniciar la semana, tendrá sobrantes que puede usar para hacer un plato principal algunos días después, proporcionándole cierta ventaja para el segundo día.

EJEMPLO SEMANA 1	EJEMPLO SEMANA 2	EJEMPLO SEMANA 3
DOMINGO	**DOMINGO**	**DOMINGO**
Clásico Pollo Asado (Página 76)	**Pecho Asado** (página 86)	**Clásico Pollo Asado** (página 76)
Pilaf de arroz / Calabacitas salteadas con orégano	Puré de papa / Hortalizas de invierno braseadas	Calabaza butternut asada / Ejotes salteados con mantequilla
LUNES	**LUNES**	**LUNES**
Farfalle con Salsa Fresca (Página 36)	**Risotto de Verduras Primavera** (página 64)	**Ensalada de Pollo Estilo Provenzal** (página 84)
Ensalada de hortalizas mixtas con vinagreta	Lechuga de hoja roja con aderezo de queso azul	Crostini al ajo
MARTES	**MARTES**	**MARTES**
Lomo de Puerco Cubierto con Hinojo (Página 72)	**Pappardelle con Ragú de Res** (página 90)	**Salchichas con Frijoles Blancos** (página 18)
Calabaza acorn asada	Calabacitas y queso parmesano en lajas	Rebanadas de focaccia caliente
MIÉRCOLES	**MIÉRCOLES**	**MIÉRCOLES**
Cuscús de Pollo con Frutas Secas (Página 80)	**Pollo y Espárragos con Té Limón** (página 26)	**Frittata de Espinaca a las Hierbas con Queso Feta** (página 59)
Ensalada de espinaca con queso feta y almendras	Arroz blanco al vapor	Hortalizas mixtas para ensalada con vinagreta
JUEVES	**JUEVES**	**JUEVES**
Salmón Glaseado con Miso y Col China (Página 17)	**Polenta con Ragú de Verduras** (página 48)	**Pollo y Pimientos al Balsámico** (página 60)
Arroz blanco al vapor	Salchichas italianas a la sartén	Rebanadas de papa asada
VIERNES	**VIERNES**	**VIERNES**
Filetes con Mantequilla de Hierbas (página 10)	**Hamburguesas de Cordero Estilo Marroquí** (página 52)	**Chuletas de Puerco con Manzanas a las Hierbas** (página 71)
Rebanadas de jitomate con aceite de oliva	Hortalizas mixtas para ensalada con vinagreta	Floretes de brócoli al vapor / Ñames horneados

Preparación por anticipado.

Use un procesador de alimentos para hacer rápido el trabajo de picado de las verduras. Duplique la preparación de verduras picando más verduras para hacer 1 ó 2 recetas en un día y después almacenarlas en un recipiente hermético dentro del refrigerador para usar al día siguiente.

Use las herramientas adecuadas.

No necesita un equipo demasiado sofisticado para preparar una buena comida. Asegúrese de tener estos utensilios básicos y su cocina será más sencilla, rápida y agradable: un cuchillo para chef de 20 cm (8 in), un cuchillo mondador, un afilador de cuchillos (chaira), algunas ollas gruesas y antiadherentes, cucharas de madera y espátulas de silicón resistentes al fuego. Tenga los utensilios que use cerca de su alcance.

Use el asador.

Un asador eléctrico o de gas puede ayudarle a crear deliciosos platos principales en pocos minutos. Ase verduras al mismo tiempo que el plato principal para usar como guarnición o aproveche la ventaja del asador caliente después de haber servido una comida para asar verduras que podrá usar al día siguiente. Marine las carnes y verduras con anticipación para obtener maravillosas combinaciones de sabor.

Limpie a medida que trabaje.

Antes de empezar a cocinar vacíe su lavadora de platos. Lave las ollas, sartenes y utensilios a medida que cocina, de manera que cuando se siente a comer las superficies de trabajo estén vacías. Esto ahorrará el tiempo de limpieza después de la comida.

Pida ayuda.

Pida a los miembros de su familia que le ayuden a poner la mesa, reunir y cortar los ingredientes y lavar los platos al terminar.

atajos

Algunos días usted simplemente no tiene el tiempo para planear sus comidas ni de hacer la compra. Para esas ocasiones aquí presentamos ideas para comidas que se pueden organizar de manera rápida.

- **Pollo rostizado** Compre un pollo lo suficientemente grande para que alcance para una comida y queden sobrantes. Corte la carne sobrante para hacer cualquiera de las recetas que se muestran después del Clásico Pollo Asado (página 76).

- **Salchichas cocidas** Tenga salchichas cocidas de carne o pollo como las italianas, las de pollo y manzana y las kielbasa en el refrigerador o congelador. Fría las salchichas en la sartén con rebanadas de manzana hasta que estén doradas.

- **Platos de huevo** Asegúrese de que siempre haya huevos en el refrigerador para hacer una frittata (página 59) o una omelet usando verduras picadas, queso y restos de pollo, jamón o salchichas.

- **Quesadillas** Tenga tortillas de harina en el refrigerador para preparar quesadillas (página 79) o tacos usando queso y sobrantes de pollo, rebanadas de salchicha o verduras. Las quesadillas acompañadas de salsa, arroz y frijoles pintos o negros refritos de lata completarán su menú.

- **Pasta** Tenga spaghetti y linguini siempre a la mano, así como salsas preparadas para pasta. Para hacer una salsa rápida, cocine ajo picado y hojuelas de chile rojo en aceite de oliva, mezcle con spaghetti cocido y adorne con perejil picado y queso parmesano rallado.

- **Pizza** Tenga una corteza prehorneada para pizza en el refrigerador. Cubra con sobrantes de carne, verduras y queso rallado. Hornee a 230ºC (450ºF) hasta que la corteza esté caliente y el queso se haya derretido.

- **Ensaladas como plato principal** Siempre tenga lechuga prelavada empacada, hortalizas mixtas para ensalada o espinaca miniatura en el cajón de verduras de su refrigerador. Mezcle con aderezo de ensalada y cubra con rebanadas de sobrantes de filete, pollo o pescado, atún enlatado o huevos cocidos, aceitunas y jitomates.

- **Sándwiches abiertos** Apile sobrantes de carne o verduras sobre rebanadas de pan crujiente para hacer sándwiches abiertos. Cubra con rebanadas de queso mozzarella o provolone y gratine hasta que se derrita el queso.

la compra inteligente

Si usa los productos más frescos y otros ingredientes de la mejor calidad, seguramente obtendrá comidas deliciosas y una alimentación más saludable. Busque una carnicería, pescadería, tienda de abarrotes y tienda especializada en alimentos que tenga ingredientes excelentes a precios razonables y visítela con regularidad. Llame con anterioridad y haga su pedido de manera que se lo tengan listo para que pueda recogerlo de camino a casa.

■ **Frutas y verduras** Cuando vaya al mercado pregunte cuáles frutas y verduras tienen el mejor sabor y madurez. Si hay un mercado de granjeros en su zona, adquiera el hábito de visitarlo una vez a la semana. Es una excelente manera de mantenerse en contacto con los productos de temporada y a menudo encontrará ofertas en productos de buena cosecha. Elija verduras y frutas libres de manchas o golpes y que se sientan pesadas para su tamaño. Las hortalizas y hierbas deben estar crujientes y brillantes y las verduras como las berenjenas (aubergines) y calabacitas (courgettes) deben tener piel tensa y estar firmes al tacto.

■ **Carne y pollo** Busque carne de buen color uniforme y un olor fresco. Si tiene grasa ésta deberá ser de color blanco brillante en vez de gris. El pollo debe ser regordete, con piel suave y carne firme. La grasa visible debe ser blanca o amarilla clara. Si necesita carne o pollo sin hueso, pida al carnicero que lo retire para evitarle tiempo en la cocina.

■ **Pescados y mariscos** Busque pescados y mariscos de color brillante, una superficie húmeda y muy poco o ningún olor a pescado. Pregunte a su proveedor cuál es el pescado y los mariscos más frescos. Si fuera posible use los mariscos el mismo día en que los compre.

■ **Caldo y consomé** Los consomés de buena calidad se pueden encontrar en lata y empaques esterilizados en las tiendas o mercados. Lea las etiquetas cuidadosamente para evitar ingredientes dañinos y, si fuera posible, compre marcas orgánicas para obtener un mejor sabor y un producto más saludable. Muchas tiendas especializadas en alimentos venden sus propios productos hechos de caldos frescos o congelados los cuales son otra buena opción.

■ **Vino** Pida a su proveedor de vinos que le recomiende algunos vinos tintos y blancos buenos para las comidas del diario que tengan un precio razonable. Compre el vino por caja para que siempre tenga existencia a la mano; a menudo obtendrá descuentos cuando compre por caja.

HAGA UNA LISTA DE COMPRAS

prepare con anticipación haga una lista de lo que tiene que comprar antes de ir de compras y ahorrará tiempo en la tienda.

haga una plantilla organice una plantilla de lista en su computadora y llénela durante la semana antes de ir de compras.

clasifique su lista Use las siguientes categorías para tener sus listas organizadas: abarrotes, productos frescos y ocasionales.

■ **artículos de abarrotes** Revise su alacena y escriba los artículos que deben resurtirse para hacer las comidas de su plan semanal.

■ **ingredientes frescos** Estos son para uso inmediato e incluyen frutas y verduras, mariscos, carnes y algunos quesos. Quizás necesite visitar diferentes tiendas o secciones del supermercado, por lo que debe dividir la lista en subcategorías como frutas y verduras, lácteos y carnes.

■**artículos ocasionales** Esta es una lista variable de artículos del refrigeración que se sustituyen conforme sea necesario como son la mantequilla y los huevos..

sea flexible Esté dispuesto a cambiar sus menús dependiendo de los ingredientes más frescos del mercado.

aproveche su tiempo al máximo

Una vez que haya planeado las comidas de la semana, piense cómo va a organizar su tiempo. Entre más cosas pueda hacer por adelantado, usted podrá preparar su comida más fácil y rápidamente cuando quiera hacerla y servirla.

- **Abastézcase.** En el fin de semana revise su alacena o refrigerador para checar los alimentos básicos que necesitará durante la semana. También revise su dotación de ingredientes básicos no perecederos de manera que pueda improvisar una comida o una guarnición rápida. Vea las páginas 98 y 99 si desea sugerencias.

- **Compre menos.** Si ya hizo un plan semanal de comidas, únicamente tendrá que hacer la compra dos o tres veces a la semana para adquirir ingredientes frescos como frutas y verduras, carne, pollo, pescados y mariscos.

- **Hágalo por adelantado.** Haga todo lo que pueda por anticipado. Por ejemplo, pique o rebane las verduras o simplemente reúna los ingredientes en la mañana para ahorrar tiempo en la tarde. Algunos platos necesitan que se hagan algunos pasos por anticipado, como marinar, lo cual se describe en la receta. Recuerde también que muchos guisados, sopas y salsas de pasta se pueden hacer con uno o dos días de anticipación y refrigerarse (o congelarse durante un largo periodo), dejándole poco trabajo pendiente para hacer justo antes de la comida.

- **Duplique.** Cuando haga una sopa, guisado o ase un pollo, haga lo suficiente para usar en más de una comida. Por ejemplo, prepare dos pollos y sirva uno con arroz y verduras un día. Más adelante en la semana, haga una ensalada como plato principal. Y use el resto en un plato de cuscús.

- **Cocine de manera más inteligente.** Antes de empezar vuelva a leer la receta cuidadosamente. A medida que la revisa tome nota de los pasos que le pueden ahorrar tiempo, como mezclar huevos para una frittata al mismo tiempo que se cocina el relleno de verduras (página 59), o sazonar y cocinar los camarones mientras cuece arroz (página 56). Posteriormente, haga igual que los chefs y reúna, prepare y mida todos los ingredientes frescos y de despensa que necesitará para hacer el plato. Saque todo el equipo necesario al mismo tiempo para que tenga listo todo para empezar a trabajar. Por último, prepare los platones. Ahora estará listo para empezar a cocinar.

la cocina bien surtida

La cocina inteligente requiere estar preparado. Si su despensa, refrigerador y congelador están bien surtidos y organizados, siempre tendrá una ventaja para hacer sus comidas. Y si mantiene un registro de lo que tiene en su cocina, tendrá que hacer la compra menos seguido y tardará menos tiempo en la tienda cuando la haga.

En las siguientes páginas encontrará una guía de todos los ingredientes que necesita tener a la mano para hacer las recetas de este libro, además de docenas de consejos para mantenerlos frescos y almacenarlos de manera adecuada. Use las listas para descubrir lo que ya tiene en su cocina y lo que debe comprar cuando vaya a hacer la compra. El tiempo que pase comprando y ordenando su cocina será tiempo bien empleado, una inversión en la cocina inteligente que será remunerada siempre que tenga que llevar comida a su mesa.

la despensa

La despensa por lo general es un closet o una o más alacenas en la cual se almacenan las hierbas secas y especias, pasta y granos, latería e ingredientes frescos como ajo, cebollas chalotes y tubérculos que no necesitan refrigeración. Asegúrese de que esté relativamente fría, seca, oscura cuando no esté abierta y lejos del calor de la estufa, lo cual puede apresurar la descomposición.

surta su despensa

- Haga un inventario de lo que hay en su despensa usando la lista de Alimentos Básicos en la Despensa.

- Retire todo de la despensa; limpie las tablas y vuelva a acomodar con papel, si fuera necesario, y organice los artículos por categoría.

- Deseche los artículos con fecha de caducidad expirada o que tengan apariencia rancia o dudosa.

- Haga una lista de los artículos que tiene que sustituir o comprar.

- Compre los artículos de su lista.

- Vuelva a colocar los artículos en la despensa, organizándolos por categoría para que pueda encontrar todo fácilmente.

- Escriba la fecha de compra sobre los artículos perecederos y etiquete claramente los artículos comprados a granel.

- Mantenga los alimentos básicos que usa a menudo al frente de la despensa.

- Mantenga las hierbas secas y especias en recipientes separados y de preferencia en un organizador, tablas o cajón por separado para especias y hierbas.

manténgalo ordenado

- Vea las recetas de su plan semanal y revise su despensa para asegurarse que tiene todos los ingredientes que vaya a necesitar.

- Rote los artículos cuando los use, moviendo los más antiguos hacia el frente de la despensa para que se usen primero.

- Mantenga una lista de los artículos que se acabaron para que pueda sustituirlos.

ALIMENTOS BÁSICOS DE LA DESPENSA

HIERBAS SECAS Y ESPECIAS

canela molida

comino molido

chile en polvo

granos de pimienta negra

hojas de laurel

hojuelas de chile rojo

orégano seco

páprika

pimienta de cayena

pimienta de jamaica molida

polvo chino de cinco especias

romero seco

sal

salvia seca

semillas de hinojo

semillas de mostaza

tomillo seco

ACEITES

aceite de ajonjolí asiático

aceite de cacahuate

aceite de canola

aceite de chile asiático

aceite de maíz

aceite de oliva

VINAGRES

vinagre balsámico

vinagre de arroz

vinagre de jerez

vinagre de vino blanco

vinagre de vino tinto

ALIMENTOS ENLATADOS Y EN FRASCO

aceitunas Niçoise

anchoas

caldo de pollo

caldo de res

caldo de verduras

col en salmuera

crema de cacahuate

chutney de mango

frijoles blancos, como los cannellini

jitomates en dados

leche de coco

mostaza Dijon

mostaza Dijon con miel

pasta de curry, rojo tai

pimientos (capsicums) rojos asados

puré de tomate

salsa

salsa asiática de pescado

salsa de soya

jugo de manzana

PASTAS Y GRANOS

arroz arborio

arroz blanco de grano largo

cuscús

fideo chino de huevo

pasta farfalle

pasta orzo

pasta pappardelle

pasta penne

polenta de cocimiento rápido

VINOS Y LICORES

jerez seco

Madeira

mirin

sake

vino blanco seco

vino tinto seco

VARIOS

azúcar granulada

azúcar mascabada

cacahuates

frutas secas: dátiles y chabacanos sin semilla

harina

nueces de la India asadas

pan árabe

tortillas de harina

uvas pasas (pasitas)

ALIMENTOS FRESCOS

ajo

cebollas amarillas o blancas

cebollas moradas

chalotes

jengibre

jitomates

limones

limones sin semilla

manzanas

naranjas

papas rojas

papas russet o blancas

papas yukon doradas

el refrigerador y congelador

Una vez que haya surtido y organizado su despensa, puede usar los mismos lineamientos para ahorrar tiempo en su refrigerador y congelador. El refrigerador, usado para almacenar durante poco tiempo a temperatura baja, es ideal para almacenar sus carnes, pollo, verduras y sobrantes. Si lo hace de la manera adecuada, al congelar los alimentos se mantendrá gran parte del sabor y nutrientes de las frutas y verduras y es una técnica especialmente adecuada para almacenar caldos, sopas y guisados.

consejos generales

- Los alimentos pierden sabor en refrigeración, por lo que es importante una temperatura uniforme menor a 5ºC (40ºF).

- Congele alimentos a -18ºC (0ºF) o una temperatura más baja para retener color, textura y sabor.

- No amontone alimentos en el refrigerador o congelador. Debe circular aire libremente para mantener sus alimentos uniformemente fríos.

- Para evitar que los alimentos se quemen en el congelador, use envolturas a prueba de humedad como papel aluminio, recipientes herméticos de plástico o bolsas de plástico con cierre hermético.

almacenamiento de sobrantes

- Puede almacenar la mayoría de sus platos principales preparados en un recipiente hermético dentro del refrigerador hasta por 4 días o en el congelador hasta por 4 meses.

- Revise el contenido del refrigerador por lo menos una vez a la semana y deseche rápidamente los alimentos viejos o echados a perder.

- Deje que los alimentos se enfríen a temperatura ambiente antes de meterlos al refrigerador o congelador. Pase los alimentos fríos a una bolsa de plástico con cierre hermético o recipiente de vidrio, dejando lugar para que se expandan. O coloque en una bolsa resellable para congelar, sacando la mayor cantidad de aire que le sea posible antes de cerrarla.

- Si congela sopas y guisados en pequeñas porciones podrá calentar justo la cantidad suficiente para una o dos personas.

- Descongele los alimentos congelados en el refrigerador o en el microondas. Para evitar contaminación bacterial, nunca los descongele a temperatura ambiente.

almacenamiento de hierbas y verduras frescas

- Corte las bases de un manojo de perejil, coloque el manojo en un vaso con agua, cubra las hojas holgadamente con una bolsa de plástico y refrigere. Envuelva las demás hierbas frescas en toallas de papel húmedas, coloque en una bolsa de plástico y almacene en el cajón de verduras de su refrigerador. Enjuague y retire los tallos de todas las hierbas antes de usarlas.

- Almacene los jitomates y berenjenas (aubergines) a temperatura ambiente.

- Corte aproximadamente 12 mm (½ inch) del tallo de cada espárrago; coloque los espárragos, con la punta hacia arriba, en un vaso con agua fría; refrigere cambiando el agua diariamente. Los espárragos durarán frescos hasta por una semana.

- Enjuague las hortalizas como la acelga, seque en un secador de ensaladas, envuelva en toallas de papel húmedas y almacene en una bolsa de plástico resellable dentro del cajón de verduras de su refrigerador hasta por una semana. Por lo general almacene las demás verduras en bolsas resellables dentro del cajón de verduras de su refrigerador y enjuáguelas antes de usarlas. Los vegetales duros durarán frescos una semana; los más delicados únicamente durarán algunos días.

almacenamiento de carne, pollo, pescados y mariscos

- La mayor parte de los pescados y mariscos se deben usar el mismo día en que se compran. Coloque las almejas o mejillones en un tazón, tape con una toalla húmeda y use en ese día.

- Use la carne y el pollo fresco máximo 2 días después de haberlo comprado. Si compra carnes empacadas, revise la fecha de caducidad y úselas antes de esa fecha.

- Coloque las carnes empacadas sobre un plato en la parte más fría del refrigerador. Si solamente usa una parte del paquete, deseche la envoltura original y vuelva a envolver en una envoltura nueva.

almacenamiento de queso

- Envuelva todos los quesos perfectamente para evitar que se sequen. Los quesos duros como el parmesano tienen menos contenido de humedad, por lo que duran más tiempo que los quesos frescos como el mozzarella. Use los quesos frescos en un par de días. Almacene los quesos suaves y semi suaves hasta por dos semanas y los quesos duros hasta por un mes.

índice

A

Aceites, 104, 105

Almejas
   almacenando, 107
   comprando, 100
   Guisado Italiano de Mariscos, 68
Arroz
   Camarones al Limón con
   Arroz de Coco, 56
   completando una comida con, 97
   Halibut Estilo Tandoori, 14
   Picadillo de Res Cubano, 40
   Pollo al Curry Estilo Tai, 44
   Pollo y Espárragos con Té Limón, 26
   Risotto de Vegetales Primavera, 64
Atajos, 99

Aves
   almacenando, 107
   Clásico Pollo Asado, 76
   comprando, 100
   Crema de Pollo y Elote, 43
   Cuscús de Pollo con Frutas Secas, 80
   Ensalada de Pollo Estilo Provenzal, 84
   Ensalada de Pollo y Mango, 83
   Pavo con Salsa de Hierbas
   a la Sartén, 55
   Pollo al Curry Estilo Tai, 44
   Pollo Asado al Mojo, 51
   Pollo y Espárragos con Té Limón, 26
   Pollo y Pimientos al Balsámico, 60
   Sopa de Pollo y Pasta Orzo, 39
   Quesadillas de Pollo y Espinaca, 79
   Satay de Pollo Tai, 25

B

Berenjena
   almacenando, 107

comprando, 100
Brócoli
   Flores de brócoli braseadas, 70
   Flores de brócili, asadas, 70
Brochetas de Cordero Estilo Griego, 63

C

Calabacitas
   comprando, 100
   Polenta con Ragú de Verduras, 48
   Risotto de Vegetales Primavera, 64
Caldos, 38, 100
Callo de hacha
   almacenando, 107
   Callo de Hacha a las Cinco Especias con
   Fideo, 29
   comprando, 100
Callo de Hacha a las Cinco Especias
con Fideo, 29
Camarones
   almacenando, 107
   comprando, 100
   Camarones al Limón con Arroz de Coco,
   56
   Satay de Camarones Tai, 24
Camarones Tai, Satay de, 24
Camarones al Limón con Arroz
de Coco, 56
Cangrejo
   almacenando, 107
   comprando, 100
   Guisado Italiano de Mariscos, 68
Carne.
   almacenando, 107
   comprando, 100
   curada, 107
Carne de res
   almacenando, 107
   comprando, 100

Ensalada de Pasta y Carne de Res Estilo
Tai, 67
   Filetes con Mantequilla de Hierbas, 10
   Filete Chimichurri, 30
   Pappardelle con Ragú de Res, 90
   Pecho Asado, 86
   Picadillo de Res Cubano, 40
   Sándwiches de Pecho Barbecue, 89
   Satay de Res Tai, 24
   Shepherd's Pay, 93
Clásico Pollo Asado, 76
Col China, Salmón Glaseado
con Miso y, 17
Comprando, 100-101
Consejos de almacenamiento
   para aceites, 104
   para aves, 107
   para alimentos enlatados, 104
   para carne, 107
   para especias, 104
   para granos, 104
   para hierbas, 104, 107
   para pasta, 104
   para pescados y mariscos, 107
   para verduras, 107
   para vino, 107
Consejos de congelación, 106
Consejos de refrigeración, 106
Consomés
   comprando, 100
   de mariscos, 69

Cordero
   almacenando, 107
   Brochetas de Cordero Estilo Griego, 63
   comprando, 100
   Chuletas de Cordero con Ajo y Romero,
   33
   Hamburguesas de Cordero Estilo

Marroquí, 52
Crema de cacahuate
    Satay de Camarones, 24
    Satay de Res Tai, 24
    Satay de Pollo Tai, 25
Crema de Pollo y Elote, 43
Cubano, Picadillo de Res, 40
Curry Estilo Tai, Pollo Al, 44
Cuscús
    Cuscús de Pollo con
    Frutas Secas, 80

CH

Chícharos
    Callo de Hacha a las Cinco Especias con
    Fideo, 29
    Risotto de Vegetales Primavera, 64
    Shepherd's Pay, 93
    Choucroute Rápido, 21
Chuletas de Puerco con Manzanas
a las Hierbas, 71
Chuletas de Ternera Gremolata, 13

D

Despensa
    consejos de almacenamiento para, 104
    organizando, 104
    surtiendo, 101, 104, 105

E

Ejotes
    Ensalada de Pollo Estilo Provenzal, 84
    Pollo al Curry Estilo Tai, 44
Ensaladas
    Comidas con atajos usando, 99
    Completando una comida con, 97
    Ensalada de Pasta y Carne de Res Estilo
    Tai, 67
    Ensalada de Pollo Estilo Provenzal, 84

Ensalada de Pollo y Mango, 83
Ensalada de Pasta y Carne de
Res Estilo Tai, 67
Equipo, 99
Escarola
    Sopa de Jamón, Frijoles y Escarola, 47
    Salchichas con Frijoles Blancos, 19
Especias, 104,105
Espinaca
    Frittata de Espinaca a las Hierbas con
    Queso Feta, 59
    Quesadillas de Pollo y Espinaca, 79
    Sopa de Pollo y Pasta Orzo, 39
Estilo Griego, Brochetas de Cordero, 63
Estilo Marroquí, Hamburguesas
de Cordero, 52

F

Farfalle con Salsa Fresca, 36
Fideo. Vea pasta y fideo
Filete
    Filetes con Mantequilla de Hierbas, 10
    Filete Chimichurri, 30
Filetes con Mantequilla de Hierbas, 10
Filete Chimichurri, 30
Flores de Brócoli Asadas, 70

Frijoles
    Frijoles Blancos con Hierbas, 32
    Salchichas con Frijoles Blancos, 18
    Sopa de Jamón, Frijoles y Acelga, 46
    Sopa de Jamón, Frijoles
    y Escarola, 47
Frijoles Blancos con Hierbas, 32
Frittatas
    Frittata de Espinaca a las Hierbas
    con Queso Feta, 59
    rellenos para, 58
Frittata de Espinaca a las Hierbas con

Queso Feta, 59
Fruta. Vea también cada tipo de fruta.
    como ingredientes básicos
    de la despensa, 105
    comprando, 100
    Cuscús de Pollo con Frutas Secas, 80

G

Garam marsala, 15
Granos
    almacenando, 104
    como ingredientes básicos
    de la despensa, 105
Guisados
    congelando, 106
    Guisado Italiano de Mariscos, 68
Guisado Italiano de Mariscos, 68

H

Halibut
    Guisado Italiano de Mariscos, 68
    Halibut Estilo Tandoori, 14
Halibut Estilo Tandoori, 14
Hamburguesas de Cordero Estilo
Marroquí, 52
Hierbas
    almacenando, 104, 107
    como ingredientes básicos
    de la despensa,
    comparando, 100
    frescas, 107
    secas, 105
Hinojo
    Guisado Italiano de Mariscos, 68
    Lomo de Puerco Cubierto
    con Hinojo, 72
    Pappardelle con Ragú de Res, 90

Hongos
  Polenta con Ragú de Verduras, 48
  Quesadillas de Pollo y Espinaca, 79

Huevos
  comidas con atajos, 99
  Frittata de Espinaca a las Hierbas con
  Queso Feta, 59

J
Jamón
  Sopa de Jamón, Frijoles
  y Escarola, 46
  Sopa de Jamón, Frijoles
  y Escarola, 47
Jitomates
  Ensalada de Pollo Estilo Provenzal, 84
  Farfalle con Salsa Fresca, 36
  Guisado Italiano de Mariscos, 68
  Hamburguesas de Cordero Estilo
  Marroquí, 52
  Pappardelle con Ragú de Res, 90
  Pecho Asado, 86
  Picadillo de Res Cubano, 40
  Polenta con Ragú de Verduras, 48

L
Leche de coco
  Camarones al Limón con Arroz
  de Coco, 56
  Pollo al Curry Estilo Tai, 44
Lechuga
  Ensalada de Pollo Estilo Provenzal, 84
  Ensalada de Pollo y Mango, 83
  Satay de Camarones Tai, 24
  Satay de Res Tai, 24
  Satay de Pollo, 25

M
Mangos
  Ensalada de Pollo y Mango, 83
  preparando, 82
Manzanas
  Choucroute Rápido, 21
  Chuletas de Puerco con Manzanas

a las Hierbas, 71
Mariscos
  almacenando, 107
  Callo de Hacha a las Cinco Especias con
  Fideo, 29
  Camarones al Limón con Arroz
  de Coco, 56
  comprando, 100
  Guisado Italiano de Mariscos, 68
  Halibut Estilo Tandoori, 14
  Salmón Glaseado con Miso y Col China,
  17
  Satay de Camarones Tai, 25
Mejillones
  almacenando, 107
  comprando, 100
  Guisado Italiano de Mariscos, 68

Miso y Col China, Salmón
Glaseado Con, 17
Mojo, Pollo Asado Al, 51

P
Papas
  completando una comida con, 97
  Crema de Pollo y Elote, 43
  Choucroute Rápido, 21
Chuletas de Puerco con Salsa de Mostaza,
22
  Ensalada de Pollo Estilo Provenzal, 84
  Shepherd's Pay, 93
Pappardelle con Ragú de Res, 90
Pasta y fideo
  almacenando, 104
  Callo de Hacha a las Cinco Especias con
  Fideo, 29
  comidas con atajos usando, 99
  como ingredientes básicos de la
  despensa, 105
  Cuscús de Pollo con Frutas Secas, 80
  Ensalada de Pasta y Carne de Res Estilo
  Tai, 67
  Farfalle con Salsa Fresca, 36
  Pappardelle con Ragú de Res, 90
  Sopa de Pollo y Pasta Orzo, 39

Pavo
  almacenando, 107
  comprando, 100
  Pavo con Salsa de Hierbas
  a La Sartén, 55
  Pecho
  almacenando sobrantes, 87
  Pappardelle con Ragú de Res, 90
  Pecho Asado, 86
  Sándwiches de Pecho Barbecue, 89
  Shepherd's Pay, 93
Pepinos
  Brochetas de Cordero Estilo Griego, 63
  Hamburguesas de Cordero Estilo
  Marroquí, 52
  Satay de Camarones Tai, 24
  Satay de Res Tai, 24
  Satay de Pollo Tai, 25
Pecho Asado, 86
Perejil
  almacenando, 107
  Chuletas de Ternera Gremolata, 13
  Filete Chimichurri, 30
Pescado
  comprando, 107
  Guisado Italiano de Mariscos, 68
  Halibut Estilo Tandoori, 14
  Pappardelle con Ragú de Res, 90
Salmón Glaseado con Miso
y Col China, 17
Picadillo de Res Cubano, 40
Pimientos
  Crema de Pollo y Elote, 43
  Frittata de Espinaca a las Hierbas con
  Queso Feta, 59
  Pollo y Pimientos al Balsámico, 60
  Salchichas con Frijoles Blancos 18
Pizza, 99
Planeando menús, 96-99
Polenta
  completando una comida con, 97
  de cocimiento rápido, 49
  Polenta con Ragú de Verduras, 48
Pollo
  almacenando, 107

Clásico Pollo Asado, 76
comprando, 100
Crema de Pollo y Elote, 43
Cuscús de Pollo con Frutas Secas, 80
Ensalada de Pollo Estilo Provenzal, 84
Ensalada de Pollo y Mango, 83
Pollo al Curry Estilo Tai, 44
Pollo Asado al Mojo, 51
Pollo y Espárragos con Té Limón, 26
Pollo y Pimientos al Balsámico, 60
Sopa de Pollo y Pasta Orzo, 39
Quesadillas de Pollo y Espinaca, 79
rostizado, 99
Satay de Pollo Tai, 25
Pollo Tai, Satay de 44
Pollo al Curry Estilo Tai, 44
Pollo Asado al Mojo, 51
Pollo y Elote, Crema De, 43
Pollo y Espárragos con Té Limón, 26
Pollo y Pimientos al Balsámico, 60
Postres fáciles, 97
Poros
  Guisado Italiano de Mariscos, 68
  Pappardelle con Ragú de Res, 90
Puerco
  almacenando, 107
  comprando, 100
  Choucroute Rápido, 21
  Chuletas de Puerco con Manzanas a las
  Hierbas, 71
  Chuletas de Puerco con Salsa de
  Mostaza, 22
  Lomo de Puerco Cubierto
  con Hinojo, 72

Q
Quesadillas
  comidas con atajos usando, 99
  Quesadillas de Pollo y Espinaca, 79
  rellenos para, 78
  Queso
  Farfalle con Salsa Fresca, 36
  Frittata de Espinaca a las Hierbas con
  Queso Feta, 59
  Quesadillas de Pollo y Espinaca, 79
Queso Feta, Frittata de Espinaca a las

Hierbas Con, 59
R
Rápido Choucroute, 21
Rebanadas de Papa Asada, 61
Res Tai, Satay de, 24
Risotto de Vegetales Primavera, 64

S
Salchichas
  cocidas, 99
  Choucroute Rápido, 21
  Salchichas con Frijoles Blancos, 18
Salmón Glaseado con Miso
y Col China, 17
Salsa Fresca, Farfalle Con, 36
Salsa de Mostaza, Chuletas de Puerco
Con, 22
Sándwiches
  comidas con atajos usando, 99
  hamburguesas de cordero estilo
  marroquí, 52
  sándwiches de pecho barbecue, 89
Sándwiches de Pecho Barbecue, 89
Satay
  Satay de Camarones Tai, 24
  Satay de Res Tai, 24
  Satay de Pollo Tai, 25
Satay de Camarones Tai, 24
Satay de Res Tai, 24
Satay de Pollo Tai, 25
Sauerkraut
  Choucroute Rápido, 21
Shepherd's Pay, 93
Sobrantes
  almacenando, 106
  sugerencias para, 58, 78
Sopas
  congelando, 106
  Crema de Pollo y Elote, 43
  Sopa de Jamón, Frijoles y Acelga, 46
  Sopa de Jamón, Frijoles y Escarola, 47
  Sopa de Pollo y Pasta Orzo, 39
Sopa de Jamón, Frijoles y Acelga, 46
Sopa de Jamón, Frijoles y Escarola, 47
Sopa de Pollo y Pasta Orzo, 39

T
Té limón
  Pollo y Espárragos con Té Limón, 26
  sustitutos, 27
Temporada, cocinando por, 96
Ternera
  almacenando, 107
  comprando, 100
Tocino
  Crema de Pollo y Elote, 43
  Pappardelle con Ragú de Res, 90
Tortillas
  comidas con atajos, 99
  quesadillas de pollo y espinaca,79

V
Vegetales. Vea también cada tipo de
vegetal
  almacenando, 107
  braseando, 97
  como ingrediente básico para, 105, 107
  completando la comida con, 97
  comprando, 100
  Polenta con Ragú de Verduras, 48
  preparando, 99
  Risotto de Vegetales Primavera, 64
Verduras. Vea también cada tipo de
verdura.
  comprando, 100
  Ensalada de Pasta y Carne de Res Estilo
  Tai, 67
  estofando, 97
Vino
  almacenando, 107
  como ingrediente básico para, 105
  comprando, 100
Y
Yogurt
  Brochetas de Cordero Estilo Griego, 63
  Halibut Estilo Tandoori, 14
  Hamburguesas de Cordero
  Estilo Marroquí, 52

DEGUSTIS
Un sello editorial de
Advanced Marketing S . de R.L. de C.V
Calzada San Francisco Cuautlalpan No. 102 Bodega "D"
Col. San Francisco Cuautlalpan Naucalpan de Juárez
Edo. México C.P 53569

WILLIAMS-SONOMA
Fundador y Vice-presidente Chuck Williams

SERIE LA COCINA AL INSTANTE DE WILLIAMS-SONOMA
Ideado y producido por Weldon Owen Inc.
814 Montgomery Street, San Francisco, CA 94133
Teléfono: 415 291 0100 Fax: 415 291 8841

En colaboración con Williams-Sonoma, Inc.
3250 Van Ness Avenue, San Francisco, CA 94109

Fotógrafos Tucker + Hossler
Estilista de Alimentos Kevin Crafts
Asistente de Estilista de Alimentos Luis Bustamante, Alexa Hyman
Estilista de Props Leigh Nöe
Escritor del texto Steve Siegelman

Library of Congress Cataloging-in-Publication data is available.
ISBN 970-718-466-3
ISBN 13 978-970-718-466-4

WELDON OWEN INC.
Presidente Ejecutivo John Owen
Presidente y Jefe de Operaciones Terry Newell
Director de Finanzas Christine E. Munson
Vicepresidente, Ventas Internacionales Stuart Laurence
Director de Creatividad Gaye Allen
Publicista Hannah Rahill
Director de Arte Kyrie Forbes Panton
Editor Senior Kim Goodfriend
Editor Emily Miller
Diseñador y Director de Fotografía Andrea Stephany
Diseñador Kelly Booth
Editor Asistente Juli Vendzules
Director de Producción Chris Hemesath
Director de Color Teri Bell
Coordinador de Producción y Reimpresión Todd Rechner

UNA PRODUCCIÓN DE WELDON OWEN
Derechos registrados © 2006 por Weldon Owen Inc.
y Williams – Sonoma, Inc.Derechos reservados, incluyendo
el derecho de reproducción total o parcial en cualquier forma.

Impreso en Formata
Primera impresión en 2006
10 9 8 7 6 5 4 3 2 1
Separaciones en color por Bright Arts Singapore
Impreso por Tien Wah Press

Impreso en Singapur

RECONOCIMIENTOS
Weldon Owen agradece a las siguientes personas por su generosa ayuda para producir este libro:
Davina Baum, Heather Belt, Carrie Bradley, Ken DellaPenta, Judith Dunham,
Marianne Mitten, Sharon Silva y Kate Washington.

Fotografías por Bill Bettencourt: páginas 8-9, 34-35, 38-39 (consejo y receta), 46-47 (receta), 50-51 (receta),
54-55 (receta), 72-73 (receta), 74-75, 76-77 (receta), 86-87 (receta).

UNA NOTA SOBRE PESOS Y MEDIDAS
Todas las recetas incluyen medidas acostumbradas en Estados Unidos y medidas del sistema métrico.
Las conversiones métricas se basan en normas desarrolladas para estos libros y han sido aproximadas.
El peso real puede variar.